心理療法における
言葉と転機

プロセス研究で学ぶセラピストの技(わざ)術

Yoko Yamao
山尾陽子

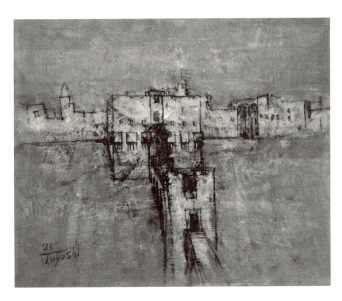

Ψ
金剛出版

序　文

　ここに，山尾陽子さんの『心理療法における言葉と転機』なる本が上梓された。嬉しいことに，この私に，その監修と序文をものしてほしいとの依頼があった。監修といっても，本当に二，三指摘したにとどまり，ほとんどすべて彼女の積極的なインタビューと，広範な読書と深く鋭い思考と実践の結果であり，間違いなく，百パーセント彼女の所産である。

　山尾さんはまだお若い。お若いのに，このような，普通は心理療法を長年経験してやっと書けるようなタイトルと内容の本を一気に書かれた。一読して驚く。実によく書けているばかりか，実に深く鋭い洞察に満ちており，しかも明快で分かり易い。このような本が，このように若い人でも書けるのだと驚くとともに，実に感心したと言うのが，まず，私の正直な感想なのである。

　山尾さんは，ご結婚前は川辺さんといい，九州大学で英文学を学んだが，職場で梅津和子さんに出会い，そこで臨床心理学に目覚めたという。そこで読みはじめた幾多の文献のなかで私を知り，何とこの私を訪ねて，京都大学の学部の三回生に学士入学してこられ，ただちに私の研究会に参加された。そして，私の教え子で，以前九州大学の助教授もしたことがあり，今は京都文教大学で教鞭をとっている，「気」を根源におく深い思索と独特の風貌を持つ濱野清志君を尋ね，また，卒業して塚嵜直樹君のクリニックに勤めて氏を知り，何と，今度は東京大学の大学院に進んで，東京で，村瀬嘉代子さんの講演を聴き，彼女に一目ぼれして，その日に，彼女の職場に出かけ，直接話を聴いておられるのである。その決断の速さ，実行力の伴った行動力の機敏さと素早い所作，そういう人にえてしてありがちな浅薄さが全くなく，この本のどこを読まれてもすぐ知られるように，その思考力の深さと，先にもすでに触れた洞察力の鋭さには本当に舌を巻くのである。

　本の内容は，直(じか)にじっくりと読んでいただいたら，すぐわかられることなので，ほんのちょっとだけ触れることにしておくが，「心理療法における《言葉》

と，その作用，そしてその意味」そして，ここが最も核心なのだが，「心理療法において起こって来る《転機》における言葉の働き」に焦点を当て，先にあげた五人の臨床家に，直にインタビューを試み，深い考察を行っているものである。そして，その結果，五人の，全く性格も立場も異なる治療家の個性を見事に浮き彫りにしており，そのまま治療者論や治療論ともなっていることが素晴らしい。私は，これは偶然であるが，この五人の方すべてを存じ上げており，だからこそ，彼らの個性が見事に彫りだされていることを言えるのだが，しかも，短い言葉，的確な記述に，深い考察を重ねて，実に，彼らの姿を彷彿とさせていることをしっかりと感じる事ができるので，殊更驚いても居るのだ。

　しかも，こうしたインタビューを方法とするものにありがちな，やっつけ仕事などとは全く正反対の，河合隼雄，フロイト，ウィニコット，土居健郎，中井久夫，神田橋條治，成田善弘，北山修，青木省三，らの臨床では必ず引用される文献はもちろんのこと，Everstein, Havens, Lacan, Little, Miller, Ricoeur, Rothstein, Strachey なども，さりげなくだが深く読み込んでおり，流石，英文学の出身だけあって，Shakespeare や，メタサイエンスの Radnitzky はたまた哲学の Hegel, Engels, 藤沢令夫，森有正，西平直などの文献にも当っており，これらからも知られるように，相当広範かつ多方面からの考察がなされていて実に小気味よいのである。もう一つ，ここであえて触れておくが，こういう若い人のいい仕事をいち早く認めて本にして下さる金剛出版の立石正信社長の慧眼にも感心している。とてもありがたいことである。ともあれ，この本が，世間巷間に広く受け入れられ，臨床心理や精神療法を学ぶ人たちの，よき導き手となってくれることを願うばかりである。

2014年11月13日　宇治の草庵にて
山中康裕，識
（京都ヘルメス研究所・京都大学名誉教授）

まえがき

　「心理療法における言葉と転機」をテーマに最初に筆をとったとき，私はまだ駆け出しのセラピストだった。このテーマの背景には，「自分の言葉によってクライエントに劇的な変化が生じれば」という，ナイーヴな願望と密やかな万能感があったことを認めざるをえない。現場で数年の経験を積んだ昨年，突如，単行本化の話が舞い込んだ。ふたたびこのテーマに触れたとき，私は違和感を拭えなかった。心理療法に魔法の杖はない，ということを肌身にしみて感じていたからである。これを本として世の中に出すならば，と私は思った。当時の幻想をいったん徹底して壊さねばなるまい。そのため，データを再分析し，何度も書き直し，推敲を重ね，気づいたら原型をとどめぬほどになっていた。執筆に際しては，大きく分けて二つの壁が立ちはだかった。

　まず，臨床についていかに語るか，という問題があった。「語りえなさ」についてならば，いくらでも例を挙げることができる。職場のケースカンファレンスで，「あの患者さんは空気が読めなくて，いつも場違いな言動で……」と言われて，「その方，発達障害でしょうか？」と思わず口にしたときの違和感。心理検査の所見で，「自我機能が弱く，現実検討に問題があり，内面には強いアグレッションを抱えており……」と分析したときの違和感。

　アプリオリな知識を並べるのではなく，自分の言葉で語りたいと思って筆をとった。しかし，私はまだ，臨床について語るだけの十分な言葉を持ち合わせていなかった。「自分の言葉」といえども，本というパブリックなものに個人的な言葉を用いるべきではないという気持ちと，いや，結局は個人的なことしか足場にできない，という思いの葛藤があった。

　執筆は，こうした違和感と葛藤を出発点として始まった。

　もう一つの壁は，ベテランのセラピストを対象に分析を行うことへの抵抗だった。そもそも，そうした先生方を「俎上に載せる」こと自体，おこがましいことである。しかし当時の私は，恐れ知らずの初心者だった。数年を経てイ

ンタビューを読み返したとき，インタビュイーの先生方が，自らの臨床について，惜しみなく語って下さっていることに改めて驚いた。

　それは私に，ずらりと並んだ高級食材を前にして手を束ねる，見習いシェフの姿を彷彿とさせる。素材はどれをとっても一級品である。しかしそれをどう料理するかはシェフの腕に委ねられている。色も形も異なる個性的な素材を，一つの鍋に放り込むのは気がひける。かといって，細かく砕いて，バラバラに解体するのも勿体ない。いたずらに単純化したり，むやみに細分化することは極力避けたいという思いがあった。一方で，先生方に迎合するのはかえって失礼であるとも感じた。

　二つの大きな壁が立ちはだかった状態で，「ああでもない」「こうでもない」のアンチテーゼにがんじがらめになりながら試行錯誤を繰り返すしかなかった。それは言葉を紡ぎ出す，というほど軽やかな作業ではなく，まさに身体の中から絞り出すような感覚に近いものだった。

　しかし，私には立ち返る場所があった。日々の臨床の中で，他ならぬクライエントその人と会うことである。あるときはより深いテーマへとクライエントが導いてくれ，またあるときは，行き詰まった私に，出口を指し示してくれた。私が概念を弄んだり，周到な論理を用意して安穏としていると，不意に，クライエントの生の声が聞こえてくる。その声で私ははっと我に返り，原点に立ち戻ることができた。クライエントは常に，私の一歩先にいた。

　クライエントの方々の圧倒的な体験を前に，私の語る言葉は無力である。書き終えた今，達成感よりは不全感の方が強い。どんなに言葉を尽くしても，リアルな体験そのものに近づくことはできないと感じている。だから私は，ためらいと面映さを抱えつつ，おそるおそる，読者の方々にこの本を差し出すような心持ちでいる。われわれセラピストが千の言葉を並べて一冊の本を書き上げたとしても，クライエントの一言の重みに如くか，実にいぶかしい。少なくとも私は，そう思っている。

2015 年 1 月
山尾陽子

目　次

序　文 ………………………………………………………………山中康裕 *3*
まえがき ……………………………………………………………………… *5*

第Ⅰ部　本書の問題意識と目的・方法 …………………………………… *13*
　　　　　問題提起 ……………………………………………………… *13*

第1章　心理療法における言葉 ………………………………………… *15*
　Ⅰ　クライエントの言葉と症状 ………………………………………… *16*
　　　防壁としての言葉 …………………………………………………… *16*
　　　症状のメッセージ性 ………………………………………………… *16*
　Ⅱ　セラピストの言葉の機能 …………………………………………… *18*
　　　対象化・外在化——世界に秩序を与える機能 …………………… *18*
　　　メタファーの機能 …………………………………………………… *21*
　Ⅲ　本書における言葉の概念的定義 …………………………………… *23*

第2章　心理療法における転機 ………………………………………… *25*
　Ⅰ　転機の様相 …………………………………………………………… *26*
　　　治療的退行と転機——精神分析の文脈で ………………………… *26*
　　　新しい物語の生成——ナラティヴ・セラピーの文脈で ………… *27*
　Ⅱ　転機の質 ……………………………………………………………… *28*
　　　決定的瞬間としての転機——カイロスという視点から ………… *28*
　　　治療段階と転機 ……………………………………………………… *29*
　Ⅲ　転機の方向性——ポジティヴな変化とネガティヴな変化 ……… *30*
　Ⅳ　本書における転機の概念的定義 …………………………………… *32*

第3章　二つの接点——言葉によって生じる転機 …………………… *33*
　Ⅰ　本書の問題意識 ……………………………………………………… *33*
　Ⅱ　フェルトシフトによる転機 ………………………………………… *33*
　Ⅲ　言葉がクライエントに「届く」とき ……………………………… *34*
　Ⅳ　セラピストの言葉に着目することの意義 ………………………… *36*

第4章 目的と方法 ……………………………………………………… 37
Ⅰ 目　　的 ……………………………………………………………… 37
Ⅱ 方　　法 ……………………………………………………………… 37
方法論について ……………………………………………………… 37
　プロセス研究の採用　37／事例研究とプロセス研究　38／セラピストを対象とすることの意味　40／質的研究法の採用――データ収集・分析の方法として　41

調査協力者 …………………………………………………………… 41
　調査協力者の条件　41／調査協力者の概略　42

インタビューの手続き ……………………………………………… 43
分析手続き …………………………………………………………… 44
　「インタビュー分析」と「事例分析」の過程　45／「インタビューと事例の解釈」の過程　46

「結果と考察」の記述について …………………………………… 48

第Ⅱ部　セラピストのインタビューとその分析
――どのようにして変容が生じたか―― ……………………………… 51

第5章　セラピストAについての分析
「飽和状態に，言葉という異物が入った途端
　　　　結晶が出てくるのですよ」――山中康裕 ……… 53

Ⅰ インタビュー分析 …………………………………………………… 54
「心理療法に言葉は必要ない」……………………………………… 55
イメージ領域と無意識の変容 ……………………………………… 57
自閉症という出発点 ………………………………………………… 58

Ⅱ 事例分析（50代　男性　汚言症）………………………………… 60
限界までつき合う …………………………………………………… 62
イメージに裏打ちされた言葉 ……………………………………… 63
「本音」の吐露 ……………………………………………………… 64
言語による結晶化 …………………………………………………… 66

Ⅲ インタビューと事例の解釈 ………………………………………… 68
心理療法はきれいごとではない …………………………………… 68
セラピストとクライエントの閉塞感 ……………………………… 69
言葉そのものと，言葉の向こうと ………………………………… 69
セラピストでもあり，生身の人間でもある地平 ………………… 71
煙幕を突き破る――物体としての言葉 …………………………… 73
再び，心理療法に言葉は必要か …………………………………… 74

きれいはきたない，きたないはきれい……………………………………………… *74*
　Ⅳ　インタビューを終えて……………………………………………………………… *75*
　　　「言葉」という防衛──セラピスト自身を守るもの………………………………… *75*

第6章　セラピストBについての分析
　　「クライエントさんの中の健康な部分が，ぱっと開く瞬間なのかな」
　　　　　　　　　　　　　　　　　　　　　　　──梅津和子 ……… *77*
　Ⅰ　インタビュー分析……………………………………………………………………… *78*
　　　社会的価値観による抑圧………………………………………………………………… *78*
　　　「今のままでいいですよ」………………………………………………………………… *80*
　　　量から質への転化………………………………………………………………………… *84*
　Ⅱ　事例分析（40代　女性　退行したIPの母親）………………………………………… *87*
　　　基準をシフトする………………………………………………………………………… *89*
　Ⅲ　インタビューと事例の解釈…………………………………………………………… *92*
　　　社会的産物としての病…………………………………………………………………… *92*
　　　「とりあえず」の仮説から………………………………………………………………… *93*
　　　親子同時に退行をくぐり抜けて………………………………………………………… *94*
　　　介入的ではない介入──新たな「社会」とならぬように…………………………… *95*
　Ⅳ　インタビューを終えて………………………………………………………………… *97*
　　　個人の治癒と社会への適応との狭間で………………………………………………… *97*

第7章　セラピストCについての分析
　　「人間は，言葉を使って触れ合っているわけね」
　　　　　　　　　　　　　　　　　　　　　　　──濱野清志 ……… *99*
　Ⅰ　インタビュー分析……………………………………………………………………… *100*
　　　身体の延長としての言葉………………………………………………………………… *101*
　　　言葉の一回性と一人称性──関係性の中で…………………………………………… *102*
　　　言葉の感触………………………………………………………………………………… *104*
　　　身体の居心地と反応……………………………………………………………………… *106*
　Ⅱ　事例分析（10代後半　女性　対人緊張が高い）……………………………………… *107*
　　　影との対話を促す………………………………………………………………………… *110*
　　　他の生き方の可能性が開かれるとき…………………………………………………… *111*
　　　硬い言葉と柔らかい言葉………………………………………………………………… *114*
　Ⅲ　インタビューと事例の解釈…………………………………………………………… *116*
　　　境界が曖昧になる感覚…………………………………………………………………… *116*
　　　身体をくぐらせつつ語る………………………………………………………………… *117*
　　　主客の反転………………………………………………………………………………… *117*

　　　　外から内へ，内から外へ——"つなぎ手"としてのセラピスト ……………… *118*
　　　　クライエントの中の二項対立 ………………………………… *119*
　　　　触れる，つなげる，補い合う——対立構造を超えて …………… *121*
　Ⅳ　インタビューを終えて …………………………………………… *122*
　　　　身体感覚を活かす ……………………………………………… *122*

第 8 章　セラピスト D についての分析
　　　　「治療者がクライエントを見ているよりも，
　　　　　クライエントが治療者を見ている方が深いからね」
　　　　　　　　　　　　　　　　　　　　　　——塚崎直樹 …… *125*
　Ⅰ　インタビュー分析 ………………………………………………… *126*
　　　　病気のダイナミズム …………………………………………… *126*
　　　　「治りたい」と「治りたくない」の拮抗 …………………………… *127*
　　　　病を深める ……………………………………………………… *129*
　　　　十年後でも通用するような言葉 ………………………………… *132*
　　　　クライエントの弾みとリズムを促す …………………………… *134*
　　　　既成の関係性が壊れるとき …………………………………… *135*
　Ⅱ　事例分析（50 代　女性　身体表現性障害）………………… *137*
　　　　パラダイムの転換 ……………………………………………… *138*
　　　　セラピストの感情の発露 ……………………………………… *140*
　Ⅲ　インタビューと事例の解釈 ……………………………………… *142*
　　　　治療のパラドックス …………………………………………… *142*
　　　　クライエントとセラピストの対決 ……………………………… *143*
　　　　「芝居」という観点 …………………………………………… *144*
　　　　言葉を用いたプレイセラピー ………………………………… *146*
　　　　現実でもあり，舞台でもある次元へ …………………………… *146*
　Ⅳ　インタビューを終えて …………………………………………… *148*
　　　　クライエントの矛盾とセラピストの矛盾 ……………………… *148*

第 9 章　セラピスト E についての分析
　　　　「クライエントとセラピストは，
　　　　　人間として基本的にイーブンだということです」——村瀬嘉代子 …… *151*
　Ⅰ　インタビュー分析 ………………………………………………… *152*
　　　　想像力と複眼的な視点 ………………………………………… *153*
　　　　一瞬の勝負と知識・経験の総動員 …………………………… *154*
　　　　メタファーをめぐって ………………………………………… *155*
　　　　日常的な何気ない会話 ………………………………………… *156*

	オリジナリティと公共性 ···	158
	その場で生成される言葉 ···	160
II	事例分析 ···	162
	事例1（13歳　男子　高機能自閉症）·························	162
	「人間は，自分で自分を護るもの」·······················	163
	クライエントの主体性を呼び覚ます·····················	165
	「赤ちゃん」への生まれ変わり·····························	166
	濃縮されたリグレス体験 ·······································	169
	事例2（23歳　女性　醜形恐怖）·································	170
	否定できないエビデンス ·······································	172
	「死にたい」の向こうの「生きたい」·················	174
III	インタビューと事例の解釈 ··	175
	ニュートラルな語りと佇まい ··	175
	事例1の解釈 ···	176
	厳しい現実の直面化 ···	176
	現実からファンタジーへ ·······································	177
	ファンタジーの世界から再び現実へ·····················	179
	事例2の解釈 ···	179
	内なる"woman"との出会い ·································	179
	日常の断片，生活のディテール──クライエントの語りの変化 ·································	181
	personalなものが響き合う場 ·······························	182
	何気ない言葉のやりとり──「生活」という視座 ···	183
	水が魚を支えるように──二つの事例を通して ············	184
IV	インタビューを終えて ··	187
	セラピストの「我」と「欲」··	187

第III部　各セラピストによる心理療法の共通要因とその比較

··· 189

第10章　言葉によって生じる転機についての考察 ················ 191

I	仮説モデルの生成──セラピストの共通要因から ············	191
	転機以前──治療の膠着状態 ··	191
	セラピストとクライエントの関係性 ····························	192
	転機のプロセス ···	194
	プレ・ターニングポイント──非対称的な関係　194／ターニングポイント──役割を超える　194／ポスト・ターニングポイント──関係性の反転　197	

　　　　「他者」としてのセラピスト ………………………………………… 197
　　　　クライエントの主体性——「自ら治る」存在として ……………… 199
　　　　転機の条件としての役割関係 ………………………………………… 201
　　　　日常からセラピーへ，セラピーから日常へ ………………………… 202

　　Ⅱ　プロセスに寄与する要素——セラピストの比較を通して ……… 204
　　　　言葉はどのように届くか——二元論から出発して ………………… 204
　　　　　「つなげる」中で二元論がゆるむ——セラピストB,C,Eの場合 205／「対決」によって二元論を打ち破る——セラピストA,Dの場合 207
　　　　内在化をめぐって——セラピストCとセラピストEの比較 ……… 208
　　　　外在化をめぐって——セラピストBとセラピストEの比較 ……… 209
　　　　真剣勝負と「芝居」——セラピストAとセラピストDの比較 …… 212
　　　　「役」としてのセラピストと「舞台」としてのセラピスト
　　　　　　　　　　　　　　　——セラピストDとセラピストEの比較 …… 214
　　　　personaとpersonalを超えて——Impersonalityという次元 …… 215

　　Ⅲ　先行研究との比較と本研究の臨床的意義 ………………………… 218
　　　　クライエントの主体性——クライエント中心主義とは異なる文脈で …… 218
　　　　クライエント－セラピスト関係のダイナミズム …………………… 219

第11章　「言葉と転機」への逆照射を試みる
　　　　　　　　　　　　　　——筆者のささやかな体験を交えつつ ……… 221
　　Ⅰ　言葉とその周辺——コンテクストの重要性 ……………………… 221
　　Ⅱ　「キーワード」の功罪 ……………………………………………… 222
　　Ⅲ　ぴったりとした言葉とぼんやりとした言葉 ……………………… 223
　　Ⅳ　言葉は，「届ける」ものではない——あいだにそっと置くこと …… 225
　　Ⅴ　回路が開ける——双方向的な運動として ………………………… 225
　　Ⅵ　何気ない日々の積み重ねと時間 …………………………………… 226

引用・参考文献 ……………………………………………………………… 229
紙一重のところで——あとがきにかえて ……………………………… 235

第 I 部

本書の問題意識と目的・方法

【問題提起】

　心理療法において，セラピストの言葉はしばしばクライエントの抵抗にあう。そのため，クライエントの深部まで届き，クライエントを情緒的に動かす言葉とはなりにくい。一方で，セラピストの言葉がクライエントに届き，その言葉がきっかけとなって治療に何らかの転機が生じることがある。このとき，セラピストの言葉は一体どのようにクライエントに届いて，そこでどのような変化が生じたのだろうか。本書は，五人の立場の異なるセラピストを対象にインタビューを行い，このような現象がどのような条件のもとで，どのようなプロセスを描いて生じるのか，詳らか(つまび)にしようと試みるものである。

　第I部では，まず，心理療法における言葉，続いて心理療法における転機について先行研究の概観とその概念的定義を行う。さらに，両者の接点である「言葉によって生じる転機」について考察し，本書の問題意識を明確にすることを試みる。

第1章
心理療法における言葉

　言葉はシンボル（象徴）である。藤沢（1969）によれば，シンボルとは元来，一つのものを半分に割って双方が持ち合い，約束した仲間同士であるということを証拠立てるために，お互いが出し合って照合する「割符」を意味するものである。つまり，言葉は直接ものごとに対応するだけでなく，人間の心の中の観念や思想に対応している。相手の言葉を理解するということは，とりもなおさず，その人の考えを理解することであり，われわれは言葉を通してお互いにコミュニケートすることができる。
　さて，言葉がコミュニケーションの手段であるということを心理療法の文脈で捉え直した場合，どのようなことが言えるだろうか。
　言葉が社会的なコミュニケーションの道具であるとすれば，それは公共性を備えたものでなければならない。北山（1993）は言葉の第三者性を指摘し，「言葉は常に第三者にもわかるように話されなければならない」と述べている。このときの「第三者」とは，具体的な人を示すのではなく，「みんな」という「目に見えぬ匿名の第三者」である。人前でわからないことを話すならば，「冗談か，嘘つきか，狂人か」といったレッテル貼りにさらされることになる。このように言葉は一般的に「三者言語」であるのに対し，心理療法におけるセラピストとクライエントの言葉は「二者言語」であり，質が異なると北山は述べている。心理療法では，「みんな」のための言葉ではなく，クライエントとセラピストの二人だけの間でしか通じない言葉が語られやすい。一方，村瀬（1996）は，心理療法における言葉も「公共性」が保たれることの重要性を指摘している。つまり，言葉が「二者言語」に埋没することなく，第三者に

も開かれうる「三者言語」であることの必要性である。このような言語観の違いは，心理療法という場を日常から隔離された場として捉えようとするか，日常の延長として捉えるようとするかという立場の違いから生じうるものであろう。このように，心理療法における言葉は，「三者言語」と「二者言語」の双方の性質を備えたものと言える。

I　クライエントの言葉と症状

防壁としての言葉

　言葉は何かを表現すると同時に，むしろものごとを隠し，ごまかすという側面を備えている（北山，1993）。あることについて語るということは，別のことについては語らないということであり，何かを強調すればするほど，何かを強調しないことになる。サリヴァン（1954）は，クライエントが言語をコミュニケーションの手段としてではなく，防衛の手段として使うことがしばしばあると指摘している。彼らの言葉は他の人々とのあいだに一定の距離を保つのに役立っている。「聞き手をうんざりさせ，苛々させ，戸惑わせ，『こいつは狂ってる』と思わせ，結局自分から身を引かせていくような話し方をする」（Sullivan, 1954）のである。しかし，これらはクライエントが意識的・計画的に行うのではなく，「不安に対するややこしい反応」によるものだという。その結果，クライエントは他者の回避に成功する。このとき，言葉は他者と自分とをつなぐものというより，他者との障壁，あるいは防壁として機能すると言えよう。同様に，中井（1984）は言葉の機能として，「伝達拒否の手段としての機能」を挙げている。中井は，統合失調症の言語症状の多くは，独語にせよ支離滅裂にせよ，相手の接近を回避していることを指摘し，「一般に，言語症状は，『メッセージ性がとらえられないもの』と解していい」と述べている。つまり，「症状性」と「メッセージ性」は，「一種の相反関係にある」という。

症状のメッセージ性

　一方，症状が他者へのメッセージであるという考え方もある。この場合の症

状は，言葉という形に限らず，身体化や行動化という形でも表現されやすい。症状はしばしば，他者の注目を集め，援助を引き出し，周囲を操作的に動かすという疾病利得を伴う。摂食障害における痩せ細った身体や，自傷行為による生々しい傷は，他者の同情的なまなざしを引きつける。たとえば，自傷を繰り返す多くのクライエントが「傷ついた自分」を他者の目に曝すことで周囲にSOSを出すというコミュニケーションを可能にしている（西園，1983）。

　大澤（1995）は，神経症が，家族という濃密なコミュニケーションのネットワークで反復されるパタンに規定されていることに注目し，症状を「コミュニケーションの過剰」と呼んだ。その上で，長谷（1991）の神経症患者の事例を挙げつつ論じている。

　　ある男が，治療者のところに，心臓発作で死にそうだと訴えてきた。医者に診断してもらい，精密検査を受けて，心臓に異常がないことが確認されても，なお安心できないと言う。家族療法家は，この心臓がいつ止まるかわからないという患者の不安が，家族の中のコミュニケーションに活性と秩序を与える核的な位置を占めていることを発見した。たとえば患者の妻は，夫が健康な生活を送っている間は落ち込んでいるが，患者が心臓の異常を訴え始めると，みるみる活気を取り戻し，夫の健康のために熱心に世話をやくようになる。

　このような現象は，「コミュニケーションが，意図されていた限界線を踏み越えている」ために起こる。つまり症状は，当事者の意図を離れて，それ自体が肥大化し，家族やセラピストとの間に濃密なコミュニケーションの場を生じさせる。ここではクライエント自身も，「心臓発作」という症状によって反復されるコミュニケーションパタンに巻き込まれていると言えよう。家族療法家はここで敢えて，心臓に異常がないことを説明するのではなく，救急車を呼んだり，葬儀屋に連絡するよう家族に指示したところ，症状が消失した。セラピストの逆説的な指示は，コミュニケーションの過剰さを逆手にとったものと言える。

　このように症状がメッセージ性を持ち，「過剰なコミュニケーション」として機能している場合，セラピストは症状のメッセージ性に必要以上に反応して

症状を助長させないこと，あるいは上記のような戦略的な言葉によってコミュニケーションの悪循環を断つこと，すなわち過剰さにブレーキをかけることが求められる。

以上のように，心理療法において言葉は，コミュニケーションの手段であると同時に，防衛の手段である。つまり，クライエントの言葉は何かを伝えるというメッセージ性を持つ一方で，何かを隠し，他者を回避する役割を備えたものである。また，症状は言語的・非言語的なメッセージを伴っており，周囲の人々やセラピストの間に「コミュニケーションの過剰」を生じさせる。クライエントの抱える問題は，言葉がコミュニケーションの手段として十分に機能せず，他者に届きにくいという点で「コミュニケーションの欠如」が起きつつ，一方で，症状が対人パタンを規定し，周囲とのコミュニケーションや関係性を固定してしまう「コミュニケーションの過剰」が起きる点にあると言えよう。

II　セラピストの言葉の機能

対象化・外在化——世界に秩序を与える機能

鈴木（1973）によれば，言葉は，混沌とした，連続的で切れ目のない世界に，人間にとって有意義と思われる仕方で分節を与え，分類する働きを担っている。たとえば「机の定義を考えたとき，それを外見的具体的な特徴から定義することは難しい」として，鈴木は以下のように述べている。

> 机にはさまざまな素材，形，色がある。人間の視点を離れて，たとえばペットの目から見れば，棚と机と椅子の区別はできないだろう。われわれが「机」と呼ぶとき，それは人にとっての利用目的や人との相対的位置といった人間に特有の観点から呼んでいるのであり，この意味で言葉は世界を恣意的に分類しているのである。そして，机という名前がつけられることによって，さまざまに変化する机が「机」という代表性・一般性をもって，一つの恒常的なものとして保持することができるようになるのである。絶えず流動している世界に対し，世界を構成する要素一つ一つを命名し，意味づけ，分節化することで，言葉は世界に，整然と区分された秩序を与えるのである。

こうした言葉の機能は，心理療法という場にも当てはめることができる。
　クライエントが自分の状態を表現するとき，たびたび「わけがわからないのですが」という前置きを使う（妙木，2005）。何らかの問題の渦中にいるクライエントは，状況をつかめず，自分の気持ちについてもうまく表現できず，混乱した状態にある。心理療法における言葉は，さしあたりこの状況を「名づけ」，「区画整理」（増井，1989）する効果がある。
　「感情そのもの」に巻き込まれたクライエントは，その感情を言葉にすることで，感情を対象化し，感情と距離をとることができるようになる。たとえば，憎しみに駆られたクライエントが，「憎しみ」をめぐってセラピストと話し合っているとき，その憎しみとのあいだにはしかるべき距離が生じ，それは取り扱い可能なものとなる。中井（1984）は，言葉の機能として，強い情動や悪夢などつかみどころのないものを言葉によって減圧することができると指摘している。そして，たとえば子どもが恐怖体験をした際，「あーびっくりした」と言い，親が「びっくりしたね」と相槌をうって体験をわかち合うだけでも，ずいぶん子どもが安心すると述べている。
　言葉の外在化の機能について，神田橋（1990）は「（言葉によって）外から眺めているイメージを作ることで，現実状況を覆っている，迷路やトリックが見て取れ，現実状況を改変する道が見て取れる」と述べている。そして，言葉には「状況の外部にある目のイメージ」を作る効果があるとし，言葉の「冷ます作用」を挙げている。言葉によって，クライエントの陥っている状況や巻き込まれている感情が外在化され，渦中では見えにくかったカラクリが見えるようになると言えよう。言葉は熱く煮立った感情を「冷ます」効果があり，「冷める」ことは「醒める」ことにつながる。ドロドロと渦巻く未分化な感情は，言葉で表現されることで，本来の生々しさを失うのである。
　このように，言葉にはものごとを対象化することで鎮静する機能がある。飯森（1989）は，漠然とした不安に陥っていた人が喋っているうちに安定したり，混乱状態にあった統合失調症患者が「意味不明な言葉」をもって，あるいは「妄想」を構築することによって落ち着く姿を挙げ，「われわれは言語によって，そのままでは混沌として未分節で無構造な〈生の世界〉を，自己に

"安全なかたちに"秩序立って分節・構造・形態化」していると指摘し，それによって「われわれの"安全な"実存は保障されている」と述べている。心理学における概念の歴史そのものが，「こころ」という目に見えない曖昧模糊とした世界を意味づけ，体系化しようとする試みであったということもできよう。心理療法における言葉もまた，混乱した状況や名状しがたい感情を整理し，秩序立てていく機能を備えているのである。

中井（1984）は，「言語はくまなくわれわれの世界をいわば陰伏的かつ"構造的に"涵している。（中略）人間が最終的に安住しうるのは言語の世界である」と指摘した上で，狂気の世界に突然陥ることの恐怖について以下のように述べている。

> 狂気の世界に突然陥ることは，未曾有のものに全く準備なくして曝されることであるが，その際の全面的な被圧倒感と出口のなさは，事態が何よりも彼の言語意識にとって未曾有であることによって，いっそう救いのないものとなる。……重視すべきは，おそらく，さきに述べたような，われわれの世界をくまなく涵しているところの，言語を支持する透明な網構造の破壊であろう。この目に見えない網構造こそ，"対象の要求する以上の厳密性を必要とせずに"言表を可能にしているものなのである。そして，それは共世界への信頼と表裏一体のものであり，信頼が失われるとき，透明な言語支持構造もまた失われる。

ここに，言葉の「網構造」から投げ出された人間の「説明飢餓」を見ることができる。そして，われわれの世界がいかに，言葉という秩序によって守られ，他者と「対象の要求する以上の厳密さを必要とせずに」コミュニケートすることができるかを思い知る。言葉はまさにロゴスであり，「なだめられ手なづけられ人間化した現実を手元に引き寄せる」。これに反して狂気の世界では，それまでの言葉はもはや通用せず，そのとき人は「共世界への信頼」も失い，孤独の淵に沈むのである。

しかし，このような狂気に陥った場合ですら，セラピストがクライエントの体験している事態を「現象的にもっともよく近似的に表現する」言葉を示唆することは，たとえば，「何か操られている感じ，窮屈な感じ，逃れられない感

じなのですね」とささやくだけでも，その錯乱状態を一時的ながら鎮静しうるのである（中井，1984）。

メタファーの機能

メタファーは，言葉の中でも，シンボルの性質をもっともよく利用しようとする表現の一つである（岡本，1999）。クライエントの症状は，しばしばメタファーで表現される。たとえば，ある男性恐怖の女性クライエントは，「男性を見ると『吐き気』がする」，「男女関係を連想させるものに出会うと，『目のやり場に困る』」という表現をしている（妙木，2005）。この場合，メタファーは「比喩」であると同時に，「文字通りの意味」でもある。つまり，クライエントは男性を見ると，精神的に「吐き気がするほどの嫌悪感」を覚えると同時に，実際に身体的に「吐き気」を覚えるのだと考えられる。

症状の身体性については北山（1988）の論文に詳しい。北山は，強迫性障害のクライエントの多くが，ある観念や言葉が「ひっかかる」「こびりつく」と言って悩みを訴えるが，この多くは「消化できない」「のみこめない」「喉につかえる」といった消化器的な比喩に置き換えることができると述べている。また，心身症のクライエントは，これらの比喩が文字通りの症状として体験されているため，治療では文字通りの体験を言葉によって比喩的に指示することができるようになるという「橋渡し」のプロセスが活用されると指摘している。こうした比喩的表現が成功するならば，クライエントは，身体内部から取り除きたがっていた割り切れぬもの，いわば未消化物を生半可なまま「腹の中に置いておく」「胸におさめられる」ようになるのである（北山，1988）。このときメタファーは，「生臭いものに蓋をする」機能を持つと同時に，比喩によって，体験に伴う感情や感覚を損なわず，有機的に表現する機能を持っているという。つまりメタファーは，ある体験について実感を伴って忠実に再現する機能を持つと同時に，象徴化によって，体験の「生臭さを脱臭」する機能も持ち合わせている。これは，メタファーが，文字通りの意味と比喩的な意味の両方を持ち合わせていることを示すものである。

セラピストの言葉づかいにおいても，このようなメタファーの両義的な機能

を活用することができる。たとえば言葉に実感が伴わず，言葉だけが上滑りしているようなクライエントの語りに対しては，セラピストが「身体性」を帯びたメタファーを使うことによって言葉に実感を伴わせることが可能であろう。逆に，「生臭いものにこだわってそこからなかなか降りられない強迫神経症者や境界例患者」に対しては，メタファーによってそこに〈あそび〉を取り入れることで，生臭さに蓋をすることができるだろう（北山，1988）。

橋本（1989）は境界例のクライエントの事例について，次のようなエピソードを挙げている。

「死ね。コンクリート詰めにして東京湾に沈めてやる」というクライエントの言葉に対して，それを真に受けて「そこまで言うことない」と反応すれば，クライエントの言葉は文字通りの意味を持ち，セラピストは死ぬことになる。しかし，「どうしても沈めるというなら，もう少しきれいな海にしてほしい」とでも応酬すれば，その途端に「死」は比喩としての意味を持つようになる。なぜならばその言葉は，「死ね」を不快にも脅威にも感じていないことを伝えることによって，「死ね」によって殺されずにすんだことを証明しているからである。

ここで，「死」が文字通りとしての意味ではなく，メタファーに巧みに転換されている点が興味深い。そのことで，クライエントの切迫した衝動性や攻撃性が緩和され，「言葉のあそび」にとってかわるという現象が起きている。

北山（1993）は，メタファーには「生の体験を他のものに置き換える」象徴的な働きがあるとし，「行動化 acting out に対する遊戯化 playing out」の可能性を示唆している。また橋本（1989）は，行動化によって発散していたアンビバレントな感情や思考を，メタファーによって，まとまりのある自分の問題としてクライエントに意識させていくことが可能になると述べている。つまり，メタファーの持つ両義性や多義性がクライエントの衝動や行動化に対する一種の緩衝材になりうるのである。

III 本書における言葉の概念的定義

　以上，心理療法における言葉の機能について概観した。クライエントとセラピスト，それぞれの言葉に特徴が見られた。
　言葉は，言語学をはじめ，哲学，心理学など古今東西のさまざまな分野において議論されている。そのため，言葉について一義的に捉えることは難しいが，次の村井（1999）による定義は，これまでの議論を端的に表しており，心理療法における言葉の定義にも当てはめることが可能と思われる。よって本研究では村井の定義に従い，言葉を「音声の組合せによって外界を，そして自らの精神生活を意味的にとらえ，表現し，その意味間に一定の関係性，体系性を構築しうる記号的コミュニケーション手段を中心としたもの」と定義する。
　なお，言葉は，「話し手－聞き手」の関係や場，全体の文脈などに大きく依存している。語り言葉について，横尾（2004）は「"口にされた言葉"は厳密に再現可能であるが，そのつどの"語り"は厳密には再現されえない」と述べている。たとえば，心理療法のある場面で，クライエントが「不安です」と語っているさなかのその言葉の働きと，クライエントがそのように語ったことをふり返り，セラピストが記述・口述する「不安です」という言葉の働きは，厳密には一致していない。言葉は語り手に属する何らかの表れと解することができるが，かといってそれは「自分のポケットから紙切れを取り出して相手へ見せること」と同様ではない（横尾，2004）。つまり，言葉は「紙切れ」という固定した静的なものではなく，語り手と聞き手の間でそのつど生成される動的なものである。本研究で注目するのもまた，セラピストとクライエントの関係性の中での「語り」に表現される，動的な言葉である。無論，「語りは厳密には再現されえない」ことを考えた場合，心理療法の事例を事後的に聞くという方法論には限界がある。この限界を踏まえた上で，言葉とその文脈を捉えつつ，言葉の持つダイナミズムに限りなく接近することを試みる。

第2章
心理療法における転機

　転機とは,『広辞苑』によると「転換の機会,変わり目,別の状態に変わるきっかけ」を意味する。変化の中でも長期間にわたって漸次変化する場合はあまり転機という言葉は用いられず,比較的急速な,あるいは（外見上）突然にあらわれて,その後永続する精神的変化,行動の変化などに関して用いられる（佐藤,1968）。

　心理療法の過程が直線的・連続的変化ではないことは,しばしば指摘されている（田畑,1974；倉光,1995）。多くのケースでは,心理的成長は螺旋的に進むか,あるいは,ほとんど変化が認められない時期が続いた後で,急速な展開が生じたりする。逆に治療の初期には急速な展開がみられた後,停滞や悪化の時期が長く続き,やがて再び好転するケースもある（倉光,1995）。田畑（1974）は,心理療法のプロセスは「山」と「谷」が交互に現れてくるような「波状様展開過程」にあることを指摘し,また,ミラー（1997）は,変化の段階を逆戻りしたり循環しつつ進んでいくと述べている。

　ボーム（1992）は,心理療法のプロセスには緩やかな変化と急激な変化とが存在することを明らかにし,後者をターニングポイントと呼んだ。村岡（2005）は,ボームの論に基づいて,急激な変化は「緩徐な変化と質・深さ・方向を異にするという意味で不連続なものである」と論じている。

　心理療法の転機について,個々の事例について書かれた先行研究は多く存在するが,一般的に「転機とは何か」ということについて記述したものはそれほど多くない。倉光（1995）が「治療セッションの流れと,その中のクリティカル・ポイントをどのケースにも当てはまる形で記述することはできない」と述

べているように，心理療法における転機について定義することは難しい。ここでは，そのような限界を踏まえた上で，転機についての分類と暫定的な定義を試みる。

まず，転機という現象が具体的な心理療法の場でどのように立ち現れるのかを見るために，いくつかの心理療法の文脈における転機について考察する。ここでは，代表的なものとして，精神分析とナラティヴ・セラピーの文脈における転機を取り上げる。次に，転機の質と方向性について考察し，本研究における転機の概念的定義を設けることとする。

I　転機の様相

治療的退行と転機——精神分析の文脈で

退行とは，「現在の状態より以前の状態へ，あるいはより未発達な段階へと逆戻りすること」を示す，いわゆる「子ども返り」と呼ばれる現象である（『心理臨床大事典』）。退行については，フロイト（1900）のように病的なものとして捉える立場がある一方で，その積極的な意味を見出す立場もある。後者はバリントやウィニコットに代表される「治療的退行」という概念である。

バリント（1968）は，良性の退行はクライエントが「認識されるため」「充足させるため」に行われるものであり，「退行，反復という誤解を生じやすい二語の代わりに，私はこの一時的事態に"新規蒔き直し"あるいは開眼と命名したい」と述べ，「患者に重要な対象とのより満足な関係を樹立させる」きっかけになると論じている。良性の退行は，無邪気な状態に回帰することによって，新しい成長を生み出すものである。こうした退行は，患者を受容し支え担うことを引き受ける周囲の人々がいることが前提となってはじめて可能となる現象であり，セラピストは「クライエントとの一種の渾然体」になるべきであると主張している。

一方，ウィニコット（1958）は母子関係に退行状態の原型を認め，「依存への退行」であると捉えている。彼によれば，前進や発達は螺旋状に展開するものであり，一時的な退行を伴うものである。それは，信頼しうる治療状況にお

ける「無目的な状態」あるいは「緊張緩和，休息状態」である。そして，こうした局面においてセラピストは，いたずらに解釈を急がず，クライエントをありのまま受け入れ，その成長をともに待つべきであるという。

　以上のように，退行には治療的側面があり，治療の転機になりうる重要な局面と言えよう。

新しい物語の生成――ナラティヴ・セラピーの文脈で

　では，心理療法における転機を，ナラティヴ・セラピーの文脈で捉えなおした場合，どうだろうか。

　河合（2001）は，特定の文化や時代に流行する物語があり，そのような物語に縛られて，自分の物語を歪ませたり，生きられなくなっている人が，セラピストのもとを訪れると述べている。たとえば，「どんな子どもでも努力さえすれば一流大学に入学でき，一流企業に勤められる」といった成功物語である。ナラティヴ・アプローチでは，このようにわれわれを制約し，「人生の下敷きになる物語」を「ドミナント・ストーリー」と呼んでいる（野口，2002）。さらには，クライエントの症状そのものが物語であるとも言える。たとえばクライエントが，「父親が厳しかったから男性が怖い」「母親に甘えられなかったから自分に自信が持てない」と語るとき，その物語は症状そのものである。クラインマン（1988）は「ちょうどスポンジのように，病いは，病者の世界から個人的社会的意味を吸収する」と述べているが，症状は，人生のさまざまな出来事と結びつけられて，その人にとって独特の意味を帯びるものとして存在するようになる。よって心理療法においては，クライエントを支配するドミナント・ストーリーや神経症的な物語に対して，新しい物語（オルタナティヴ・ストーリー）を生成することが課題となる。

　こうしたナラティヴ・セラピーの文脈で転機の意味を捉えなおすならば，転機とは，クライエントの物語がそれまで自己を支配し制約していたドミナント・ストーリーから，自分の「生きられた経験」（White, 1990）を汲み取るようなオルタナティヴ・ストーリーへ変わるときと捉えることができるだろう。

II　転機の質

　ひとえに転機といっても，その変化の質は決定的で劇的なものから，治療の中で幾度かおとずれる「治療の節目」と言えるものまで，幅広く存在する。ここでは，転機の質について検討したい。

決定的瞬間としての転機──カイロスという視点から
　「カイロス」とはヒポクラテスが，病気が良くなるか，悪くなるかを決定づける瞬間について言い表したギリシャ語で，「まさにしかるべき瞬間」を意味する（『精神分析事典』）。クロノスが量的に測りうる客観的時間であるのに対して，カイロスとは転機となりうる質的な時間である。
　エレンベルガー（1973）は治療因子として，この「時間」という要素の重要性を説いている。そして，治療において「『心理学的瞬間』というべきものがあり，（中略）介入に関して『熟して』いる瞬間であり，それより早ければ熟しておらず，遅ければ効果がなくなっているだろうと思われる瞬間である」と述べている。ボストン変化プロセス研究会（2010）はこれを「ホットな現在のモーメント」として now moment（今のモーメント）と呼んだ。そして，それを「キャッチする」ことで治療が質的な変化を遂げるとしている。これは治療の流れの中でも，凝縮された決定的な瞬間であり，セラピストはその「とき」を取り上げることが求められる。
　このような転機の捉え方は，ユングの「布置」や「共時性」の概念と重なるものであろう。ユングは「二つの出来事の間の意味ある一致」として，因果律で説明できない「共時性（synchronicity）」を提唱した。これは，思わぬ出来事が治療の転回点となったり，クライエントやセラピストの内的イメージと呼応するかのような出来事が実際に起きたりする現象である。河合（2001）が「共時的現象は『起きる』ものであって，『起こす』ものではない」と述べているように，セラピストやクライエントの意図や操作を超えて「しかるべきとき」がやってくるのであり，介入のタイミングの重要性を示唆するものである。

治療段階と転機

　本研究では，転機という現象を，こうした劇的な変化のみに限定せず，「治療の節目」といった，より広義で捉えたい。治療のプロセスにはいくつかの段階があり，一つの段階から次の段階へ進むという「動き」が存在する。この「動き」を転機と捉えることはできないだろうか。

　心理療法における治療段階を説明した代表的なものとして，プロチャスカ（1995）の提唱する六つの治療段階説がある。ここで，六つの治療段階を簡単に紹介する。

　第一の段階は，思索前（precontemplation）である。この段階にいるクライエントは，自分が問題を抱えているという意識が希薄である。自分の生活上の問題に自分が関与していると感じていない。大抵，彼らは問題がある人物（IP）として，周囲の要請によって「強制的に」連れてこられる場合が多い。よってクライエントのモチベーションは低く，治療契約を結ぶことが困難である。ここでのセラピストの目標は，クライエントに何かを「させる」ことではなく，クライエントの気持ちや考え方をいとわずに聞くことである。

　第二の段階は，思索（contemplation）である。この段階のクライエントは変化することが必要であるということを認識しているが，同時に，変化することが時間と労力を割くに値するのか明確に理解できていない。この段階のクライエントは「一方には変化すること，もう一方には同じところに留まること，という二つの動機づけの間を前後に揺れ動く内的バランス」（Miller, 1986）を持っていると指摘されるように，変化に対してアンビバレントな感情を抱いている。この段階でのセラピストは，クライエントに変化へのプレッシャーを与えずに，「変化することで得ることと失うことの両方の探求」に没頭できるような支持的な環境をつくることが求められる（Duncan, 1989）。

　第三の段階は，準備段階（preparation）である。この段階は，クライエントが望んでいる変化を実験してみること，つまり，「それを試しにやってみて，変化するとどのようになるのかを知り，その効果を経験すること」で特徴づけられる。これまでの二つの段階に比べて，この段階にいるクライエントはモチベーションが高く，治療同盟を形成しやすい。この段階でのセラピストは，変

化のための戦略を提示したり，目標達成に利用できる選択肢や方法を提示することが必要になる。

　第四の段階は，行動（action）である。この段階でクライエントは，変化のための具体的な行動に取り組んでいる。セラピストは，目標が厳しすぎたり，クライエントに適していないため継続できなくならないよう，気をつける必要がある。

　第五の段階は，維持（maintenance）である。この段階では，クライエントは望ましい行動を一定期間継続している。ここでは，行動を維持し安定させることが課題となる。セラピストは，退行や再発を起こす可能性を予測し，予防するようクライエントに働きかけることが重要である。

　第六の段階は，終結（termination）である。この段階は「問題行動へつながる誘惑がゼロになり，昔の行動をするような状況でもその行動につながらないという100％の自信（自己効力感）がある」という段階である。なお，ミラー（1997）は，この終結段階は「理想であり，現実的あるいは達成可能な変化の状態とは言いがたい」と述べている。

　以上，プロチャスカ（1995）による六つの治療段階を素描した。転機を，治療における劇的な変化として狭義で捉えるならば，以上のような治療段階のうち転機は「行動」段階，もしくは「終結」段階に当たると言えるだろう。しかし，本研究では転機を「治療段階のある一つの段階から次の段階へ進むこと」という，より広い意味合いも含むものと捉えたい。よって，モチベーションの低かったクライエントが変化の必要性を感じる局面（思索前→思索段階）や，抵抗を示しがちなクライエントが変化への明確な意欲を見せ始める局面（思索→準備段階）等，治療プロセスの中に点在するさまざまな節目を含むものとする。

III　転機の方向性――ポジティヴな変化とネガティヴな変化

　以上のように広義で転機を捉えるとき，その変化の方向性は，ポジティヴな方向とネガティヴな方向の両方が想定される。

　治療転機，特に好転については，そのメカニズムがセラピストから理解しが

たいとする立場もある。小此木（1967）は，症状消失例について精神科医を対象に調査を行い，「各治療者が意図した治療機序を介した，治療的な変化ではなく，いわば治療者にとっては一見不可解な，あるいは不自然なかたちで，症状の消失や移動がみられる」点に注目した。また笠原（1967）は，セラピストにとって「治癒ないしは好転の機転は，悪化ないしは再発の機転に比べて，理解しにくい」と述べている。

これに対し土居（1967）は，悪化の方が好転より理解しやすいのは，病的現象の方が健康状態よりも記述しやすいという特徴があるためであると指摘した上で，「悪化の契機を通して好転すること」が治癒の本質であると述べている。土居は治療の悪化を「抵抗」によるものとし，抵抗は必ずしも患者によって引き起こされるのではなく，治療者によって強化されうると述べ，「治療者が患者の悪化を他人事としてではなく自らの問題として引き受けたとき，言い換えれば悪化という現象において治療者と患者がいわば手をたずさえて事にあたることができたとき，そこに好転が兆す」と結論づけている。同様に倉光（1995）は，問題解決の過程で一時的に症状が悪化することを指摘し，そのような危機が転機となって，問題が克服されていくケースが多いと述べている。クライエントが中核的な葛藤に直面して新たな段階に進むことは，ある種の「生まれ変わり」であり，そこに「死と再生」のテーマが現れることも多い（河合，2000）。このように，転機と危機は，表裏一体のものと言える。

一方で，危機と転機を区別する立場もある。前者が有益な結果や変化を必ずしも意味しないのに対し，後者は「永続的で有益な変化を意味する」（Rothstein, 1997）ものとする立場である。

さらに村岡（2000）は，治療における転機について詳細な検討を行い，プレ・ターニングポイント，ターニングポイント，ポスト・ターニングポイントの3段階に分けて論じている。そして，プレ・ターニングポイントとは，「患者からのプレッシャーや促しに呼応して治療者側に動揺や困惑が生じる段階」と位置づけている。こうした視点は，悪化と好転は厳密には同時的に起こるものではなく，時間的ズレがあるとする立場と言えよう。

ここで，変化の方向性のポジティヴ・ネガティヴとはそもそも何であろう

か。一般に，心理療法における変化は，精神的・社会的適応の方向へと向かうことが望ましいとされる。しかし，社会的に望まれる方向がその個人にとってポジティヴな方向であるとは必ずしも言えない。逆に，個人の望む方向が社会的に見てポジティヴな方向であると言い切れないこともしばしばである。たとえば青年期の反社会的な行動も，長い目で見れば人生全体の中で当人の成長に寄与していることもある。また心理療法の分野においては，適応を重視するセラピストと自己の個性を伸ばすことを重視するセラピストとで観点が異なる。すなわち，前者においては社会的な方向づけに従い，集団規範の観点からポジティヴ・ネガティヴを述べ，後者においては心理的な方向づけに従って，個人的規範の観点からそれらを述べる傾向にある（茂木，1988）。

このように，変化の方向性がポジティヴであるかネガティヴであるかは，多様な立場から評価することが可能であるため，一つの結論を導き出すことは難しい。

IV 本書における転機の概念的定義

以上から，本研究における転機の概念的定義は以下のようになる。

心理療法において，治療の質的変化・構造的変化といった狭義のものから，「治療段階のある一つの段階から次の段階へ進むこと」といった，治療プロセスの中に点在するさまざまな「節目」を含むものとする。

変化の方向性については，一義的に定めることが難しいため，これを問わないこととする。

第3章
二つの接点
言葉によって生じる転機

I 本書の問題意識

　以上の章では，心理療法における言葉と転機について，先行研究を概観し，その概念的定義を明らかにした。心理療法において言葉はさまざまな機能を持つが，治療機転に寄与する言葉に焦点化した研究は少ない。本研究が着目するのは，セラピストの言葉によってそれまでの緩やかな治療過程に何らかの不連続な変化，すなわち転機が生じる「とき」である。このような「とき」は，どのような条件の下で，どのようなプロセスを描いて生じうるか，それが本研究のリサーチ・クエスチョンである。
　この章では，このリサーチ・クエスチョンに対する仮説を生成する上で，指標となるいくつかの視点を提示する。

II フェルトシフトによる転機

　言葉による転機というとき，まず想定されるのが，クライエントのイメージ，感情，感覚などの内的な体験や，クライエントを取り巻く外的な状況が，ぴったりとした言葉を装って外に表れる瞬間である。このときクライエントーセラピスト両者が「腑に落ちる」体験をして，治療の転回点になることが多い。こうした現象は，フォーカシングでいうところの「フェルトシフト」に相当すると言えよう。フォーカシングは，体験過程に直接注意を向け，その象徴化を促進する一連の作業である。日笠（2003）によれば，心理療法は，クライ

エントが問題・気がかり・心配についてのフェルトセンスを直接指示するところから始まるが，フェルトセンスに留まりながら，それにぴったりなシンボルを見つけることで，フェルトセンスから意味が展開し，変化が起こる。ジェンドリン（1978）は，これをフェルトシフトと呼び，これこそが治療的変化の瞬間であるとした。その際，身体の変化としても「涙や笑いやため息が生じたり，すっきりする，ほっとするといった安堵感，解放感が感じられることが多い」という。心理療法とは，「フェルトセンスを見つけ，それと友好的につき合い，それを正確に象徴化することで，フェルトシフトが起こること」（日笠, 2003）と言えよう。

では，「フェルトシフト」が起こるための「正確な象徴化」はどのようにして行われるのだろうか。先行研究で指摘されるように，クライエントはしばしば，「わけのわからない」混乱を抱えて来談する。このとき，クライエントの中ではさまざまなイメージや感情，内的な体験が渦巻いており，自分の立ち位置が見えない状況と言えよう。しかし，心理療法という場において，クライエントが語り，セラピストが耳を傾け，語り返す営みの中で，クライエント－セラピスト両者がその体験と一致した言葉を見出し，治療に転機が生じる瞬間[1]というのがある。これは，セラピストの言葉があるタイミングでクライエントにすっと入る「とき」であったり，心理療法の過程でクライエント自身の中から徐々に（あるいはふと）浮かび上がってきてある言葉と出会う「とき」であったりする。

III 言葉がクライエントに「届く」とき

セラピストの言葉が治療機転のきっかけになるためには，まずもってその言葉がクライエントに届かなければならない。心理療法において，セラピストの言葉はしばしばクライエントの抵抗にあう。そのため，クライエントの深部まで届き，クライエントを情緒的に動かす言葉とはなりにくい。では，セラピス

---

[1] 瞬間的な一致に限らず，時間差をおいて，後から一致することもある。

トの言葉がクライエントに「届く」,「入っていく」のはどのようなときなのだろうか。

　まず,心理療法という限定したシチュエーションではなく,一般的な場において,言葉が他者に届く,という現象について考えてみる。竹内（1988）は,一人が後ろ向きになり,もう一人がその後ろから声をかけるという,「話しかけのレッスン」を行っている。そのとき,話しかけられた側からは,「声が届いてこない」,「声が背中に触った」「肩をかすった」「あ,ドンと当たった」といった感想があがってくる。ここで,努力して声を届けようとすればするほど届かなくなる現象,もどかしさや苛立ちから思わず発した声が相手に「ぶつかる」現象が起きる。これに対して竹内は,「たとえば未知の人にアブナイ！と叫んだり,昨夜はどうして来なかったんだよと親しく話しかけるときは,相手との間の距離は消えている。空間はなくなり,ただ向かい合う自と他のみがある」と述べている。つまり,自他の「距離」や「伝えよう」「届かせよう」ということを意識すると,その時点で自他は分離されてしまい,言葉は届かなくなってしまう。

　では,心理療法という場において,「言葉が届く」という現象を捉えた場合,どうだろうか。皆藤（1998）は臨床体験の中で,「クライエントの心そのものに届く言葉が語られたこと」があり,「クライエントの語りが筆者の心そのものに届いたと体験させられたこと」があったと述べている。そして,「それがセラピストの語りなのか,クライエントの語りなのか,非常に了解しにくい。筆者もクライエントも,『何かによって語らされている』という感覚が一番近い」と述べている。ここでも,セラピストとクライエントの区別が曖昧になり,自他の距離は消えている。

　これは,ロジャーズ（1951）の「非人称性」（Impersonality）の概念に通じる内容である。「非人称性」とは,心理療法において,クライエントにとってセラピストが,一人の人間としての個性がまったく消え去っているかのように映る現象を示す（諸富,1997）。ロジャーズはこの現象について,「あなたのために,私は自らを排除するのです。（中略）私はあなたのもう一人の自己になるわけです」と述べている。つまり,クライエントにとってセラピストは自分の一部と

してあらわれ，彼を通して自分自身に語るという場が生じる（森岡，1989）。

以上の先行研究に共通している点は，クライエントに「入り」やすい言葉というのは，クライエントとセラピストの自他の区別が曖昧になり，「非人称的な」次元において語られる言葉であるという点である。

Ⅳ　セラピストの言葉に着目することの意義

本書は，セラピストの言葉によって治療に転機が生じるときに焦点を当てたものである。セラピストの言葉に着目する研究は，近年ではワクテル（1993）やヘイヴンズ（1986）によって詳細な検討が行われている。しかし，心理療法の分野においては，長い間，クライエントの話を「聴く」ことばかりが強調され，セラピストが「話す」という行為については，ほとんど系統的な注意を払われずに，いわば「暗黙の領域」（Wachtel, 1993）であり続けてきた。ヘイヴンズ（1986）はその著書の中で，恩師の言葉を引用しつつ，次のような課題を提示している。

> 私が精神医学を教え始めた1930年代には，精神科医は治療場面でしゃべり過ぎる傾向があり，教師の重要な仕事は治療場面で医師がしゃべりすぎるのを抑えることであった。ところが，この20年間で，しゃべることの抑制が思いのほかうまく成し遂げられてしまった。そのため，今は逆に話をすることを復活させ，精神科医が話すことを治療的に利用できるようにすることが課題となっている。

歴史的な観点から見ても，ロジャーズの「傾聴」の概念などは，それまでの精神分析でセラピストがイニシアチヴを取りすぎることへのアンチテーゼとして生まれている。しかし近年になって，セラピストが「語る」ことの重要性が改めて見直され始めていると言えよう（Wachtel, 1993）。

本研究のテーマもまさにそこにある。すなわち，治療の膠着状態が打開され，治療に転機をもたらすような言葉は，具体的にどのような状況下で，どのような表現でセラピストによって語られるのか，ということを論じようとするものである。

第4章
目的と方法

I 目　的

　心理療法において，セラピストの言葉がクライエントに届き，それがきっかけとなって治療に転機が生じる「とき」は，どのような条件の中で，どのようなプロセスを描いて訪れるのか，セラピストによって語られる具体的な事例に基づきつつ，検討する。さらに，その知見から，言葉によって生じる転機についての仮説モデルの生成を試みる。

II 方　法

方法論について
プロセス研究の採用

　近年，心理療法における実証的研究として，プロセス研究が注目されている。岩壁（2008）はヒルとランバート（2004）の定義に則って，プロセス研究とは「心理療法の開始から終結までに面接において起こることについての研究」と広く定義している。そして，「面接中にみられるセラピストやクライエントの行動，やりとりのパタン，そしてこの二者の主観的な体験などであり，『どのようにして変容が起こったか』，『成功（または失敗）と関係したやりとりは何か』など，効果と変容のメカニズムを問うもの」であると述べている。その際，臨床的に「重要な出来事」を単位として分析が行われることが少なくない。本研究もまた，「言葉によって生じる転機」という重要な局面に着目しつ

つ，その前後のプロセスを詳（つまび）らかにすることで現象への接近を試みるものである。よって，本研究では方法論としてプロセス研究を用いることとした。

事例研究とプロセス研究

河合（1981）は「事例研究とはセラピスト－クライエント関係を含んだ全体としてのゲシュタルトであり，このことが事例研究を個別事例の報告に留まらせずに，普遍性や一般性を導き出すことを可能にする」と指摘している。セラピストの報告が，いかにして「セラピスト－クライエント関係を含んだ全体としてのゲシュタルト」となりうるのか。河合（1986）は，セラピストは「クライエントの主観の世界に自分の主観の世界を関与させつつ，なおそれら全体を『見る』ことのできる目を養わねばならない」と述べている。つまり，セラピストは心理療法において主観的関与と客観的観察を同時進行的に行っているのである。よって事例研究において，セラピストの〈主観〉は排除しようがないが，その際の〈主観〉とは単なる一方的な思い込みではなく，クライエントとの関係性の中で常に修正されるダイナミックな〈主観〉であり，客観的観察に裏打ちされた，洗練された〈主観〉だと言えよう。

西平（2005）は，「『人（生きた相手）の観察』には，必ず〈観察者自身の主観的反応（感情的反応）〉が含まれる。それどころか，生きた相手の観察は〈観察者自身の主観的反応〉を通してこそ可能になる」と述べ，それは「〈観察者自身の主観的反応を排除することによって客観的事実を求める〉方法論とは決定的に異なる」と指摘している。西平は，エリクソン（1950）を引用しつつ，以下のように述べている。

　　臨床家は，相手と接している時の自分の感情的反応を大切にする。自らのそうした反応こそが，相手を観察するための大切な「道具」になる。エリクソンは，そのことを「観察の道具としての観察者（the investigator as an instrument of investigation）」と表現した。その「道具」の具体的内容が「逆転移の感情」の問題として検討されてきたということである。（中略）エリクソンが「訓練された主観性」という言葉に託したのは，自分の心に沸き起こる感情との距離の取り方を身につけ，それによって自分の感情を使いこなすことのできる，そうした観察者の力量であった。

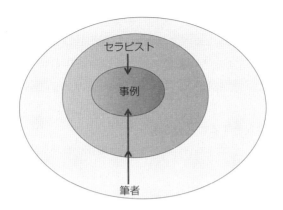

図 4-1　本研究の重層構造

　つまりセラピストは，クライエントと向き合う際に沸いてくる自身の「主観的反応」を排除するのではなく，むしろそれを積極的に観察の「道具」として生かすのである。そのためには，自身の感情を対象化し，それを「使いこなす」という力量が求められる。河合（1986）の述べた主観的関与と客観的観察が渾然一体となったセラピストの態度も，西平の指摘と共通するものと考えられる。

　事例研究にはこうした意義がある一方で，近年ではその限界も指摘されつつある。岩壁（2008）は，事例研究の問題点として「担当事例」という枠の中での研究が多く，そのため心理療法の効果や理論を導き出す際にもセラピストの主観に委ねられる点を挙げている。プロセス研究はこうした事例研究の限界を踏まえ，さらに発展させたものである。

　本研究は，図4-1のように，事例があり，その事例を語るセラピストがあり，さらにそのセラピストの語りを聞く筆者がある，という重層構造が内包されている。語りに表れるセラピストの「訓練された主観性」を重要な手がかりとして活用するという点で，本研究は事例研究の性質を帯びている。しかし，本研究はさらに，各セラピストの臨床観自体を対象化し，複数のセラピストを対象とすることで「ひとりの臨床家の視点から死角となる部分に光を当て，事例研

究によって得られた臨床的知見に確固たる裏づけを与えるとともに，それを深め，心理療法プロセスの理解を促進する」(岩壁，2008) ことを試みるものである。いわば，図4-1のような重層構造自体がプロセス研究のひとつの特徴であり，この点において，本研究はプロセス研究として位置づけることができる。

セラピストを対象とすることの意味

　セラピストの言葉がきっかけとなって心理療法に転機が生じるというとき，その転機に立ち会う当事者はセラピストとクライエントの二人がいる。転機の要因についても，セラピスト側の要因とクライエント側の要因両方があると思われる。よって本来ならば，セラピストとクライエント両者にインタビューを行った方が，心理療法の場で起きていることについてより厳密に検討できると言えよう。しかし，クライエントに自身の受けた心理療法について聞くことは，その自我の強さや内省力によっては，想起することに難しさを伴ったり，精神的な負担を強いることになりかねない。このようにクライエントにインタビューすることには倫理的な制約が伴うため，本研究では，セラピストを対象にインタビューを行うことにした。

　心理療法の進行と終結に責任を持っているのはセラピストであり，セラピストが状況を判断している点を考えるならば，治療機転についてセラピストを対象にインタビューすることは方法論として妥当性があると考えられる。本研究では，研究の妥当性を高めるためにも，対象者は臨床経験25年〜50年のベテラン領域のセラピストとした。

　プロセス研究には，セラピストとクライエントのそれぞれを対象とした分析，さらに面接のトランスクリプトを分析するものが存在するが，本研究はセラピストを対象にしたものである。岩壁 (2008) は，セラピストに質問することの利点として「臨床的概念を単純化しすぎたり，臨床家にとって重要な問題を掬いそこねたりすることが少なくなる」点を挙げ，「臨床的妥当性を確保できる」と述べている。さらに，臨床的にみて重要な介入の手法として「臨床的経験則」を挙げ，以下のように述べている。

臨床家がある特定の場面においてどのように介入するのかということについて，権威とされるような臨床家に話を聞き，介入の留意点やステップを明らかにすることにより，一人ひとりの臨床家に経験として宿っている知見が外在化され，それを訓練や教育に役立てることができる。

　本研究もまた，ベテラン領域のセラピストの「臨床的経験則」を抽出し，転機となる介入の仕方について検討することで，実践的なモデルを生成しようと試みるものである。

質的研究法の採用——データ収集・分析の方法として

　プロセス研究において，データ収集・分析の方法として適切とされているものが「対象者の体験をボトムアップでモデル化しようとする志向を持つ」（能智，2011）質的研究である。既に述べたように，本研究は「主観性」を排除して「客観的事実」を求める方法論とは異なり，インタビュイーであるセラピストの「主観性」を積極的に生かしつつ，現象への接近を試みるものである。そのため，セラピストの主観的体験や事象への意味づけを明らかにすること，およびセラピーのダイナミックなプロセスを拾い上げることが重要となる。そこで本研究の目的に照らして，少数の協力者から事例とその解釈，臨床観や，言葉に対する考え方を聴き取り，質的な検討を行うという方法を採用した。質的研究は「現象についての知」を産出するものであり，「心理療法プロセスに関する実践家の気づきを促進する」ものである（Mcleod, 2000）ことを考慮したとき，本研究の方法論として質的研究は妥当なものと考えられる。

調査協力者
調査協力者の条件

　臨床経験25年以上のベテランであり，言葉に対して意識的・自覚的に心理療法を行っており，筆者とのラポールが成立しているセラピストを対象とした。
　こうした条件に絞られた理由は以下の通りである。
　まず，「転機」が生じた事例を語ってもらうという本研究の性質上，その事

表 4-1　調査協力者の概略

	セラピストA	セラピストB	セラピストC	セラピストD	セラピストE
性別	男性	女性	男性	男性	女性
臨床経験	42年	25年	26年	35年	49年
職種	精神科医	精神保健福祉士	臨床心理士	精神科医	臨床心理士
依拠する理論	表現療法	折衷	折衷	折衷	統合的心理療法

＊「依拠する理論」は、協力者本人による定義である。なお、「臨床経験」の年数は、インタビュー当時のものである。

例は転機が生じるための何らかの行き詰まりとその打開が生じているものであり、「難しい」事例である場合が多い。よって、思い入れの強い「難しい」事例についても語ってもらえるような関係性が筆者との間に成立しているセラピストに限定された。また、転機は初心者のセラピストの事例でも生じうるが、臨床経験が浅い場合、転機の背景にある条件やプロセスについて言語化できず「なぜかわからないが」治療に転機が生じた、と語られることが多い（小此木，1967；笠原，1967）。そのためインタビュイーは、転機の生じるプロセスやそれに関与した言葉の性質について言語化できる、臨床経験が長いセラピストに限定された。また、「言葉に対して意識的・自覚的にセラピーを行っているセラピスト」とは、ここでは心理学的な専門用語ではなく日常的な言葉によって事象を言語化することに長けているセラピストを指している。よって筆者が協力者の授業や講演を聞き、あるいは著作を読むことを通して、表現は日常的でありながら、事象を的確に描き出していると考えられたセラピストについて依頼を行った。

　以上のような理由によってセラピストの条件が絞られたため、インタビュイーはおのずと数名に限定された。

調査協力者の概略

　精神科医、臨床心理士、精神保健福祉士を含むセラピスト5名（男性3名、女性2名／詳細は表4-1参照）にご協力をいただいた。10名に依頼し、うち5名がインタビューに応じてくれた。なお、協力者は、筆者と2年以上の知り合いであり、ラポールが成立しているセラピストである。

表 4-2　インタビューでの質問項目

①最初に，セラピストご自身について質問させていただきます
- 年齢
- 臨床経験年数
- どのようなクライエントと主に会っているか。
- セラピーにおいてどのような治療法を用いているか。
- 拠って立つ学派や理論

②本論
　心理療法ではしばしば，セラピストの言葉がクライエントにすっと入り，そこで治療に何らかの転機が生じることがあります。本研究はこのような現象に着目し，転機を，治療のある段階から次の段階に進む何らかのきっかけと捉えた場合，言葉によって転機が生じる条件とプロセスを検討するものです。
- 言葉によってセラピーに転機が生じた事例について教えてください。
- 事例：クライエントの性別，年齢，診断名を教えてください。
- そのとき，クライエントはどのような反応をしましたか？
- そのときクライエントはどのように感じたのでしょうか。何か変化が起きたのでしょうか。
- そのとき，あなたはどのようなことに注目し，どのようなことに注意を向けていましたか？
- 前後のプロセスを教えてください。
- そのとき何がきっかけになって言葉が入っていったのでしょうか。
- その際の言葉を用いる工夫や注意点を教えてください。言葉を用いるとき，どういうことを大切にされていますか。
- クライエントに言葉がなかなか入っていかないケースとは，どのようなときでしょうか。入るケースではどのような点が違いましたか。
- 言葉がインパクトを持って受け入れられ，治療に転機が生じるときの条件とは何でしょうか。（クライエント側，セラピスト側いずれも）

インタビューの手続き

　当日は以下の手続きを経て，インタビューを開始した。まず，あらかじめメールにて，各協力者に依頼状を送った。そこで，本研究の趣旨および倫理的配慮について説明した。さらに，表 4-2 にあるように転機の定義と現象について説明し，言葉によって治療に何らかの転機が生じた事例について，想起していただくようお願いした。参加承諾書にサインしていただき，了解を得た上でIC レコーダーにて録音を行いつつ，表 4-2 の質問項目をもとに，半構造化イ

ンタビューを行った。

　インタビューでは，各セラピストが依頼状によってあらかじめ想起した事例について，語ってもらった。なおセラピストEについては，その事例が著作に既に掲載されており，そのことを前提にインタビューを行ったため，事例1と2の記述も著作から抜粋した。セラピストCについては，インタビューの際，文章化された事例報告を渡されたため，その引用によって分析を補っている。セラピストA, B, C, Dについてはインタビューを1回ずつ行ったため，それぞれ1事例しか取り上げていないが，セラピストEについてはインタビューを2回行うことができたため，2事例取り上げている。

分析手続き

　既に述べたように，本研究は，図4-1のように，事例があり，その事例を語るセラピストがあり，さらにそのセラピストの語りを聞く筆者がある，という重層構造が内包されている。図4-2における矢印は，分析の水準の違いを示している。まず，分析1では修正版グラウンデッド・セオリー・アプローチ（木下，2007；以下M-GTA）というシステマティックな手続きを踏んで，言葉の役割に着目した際の各セラピストの臨床的な姿勢について，できる限り忠実に再構成することを試みた。次に，分析2では，分析1で論じた臨床姿勢自体を対象化して，メタレベルの視点で，セラピストの属性や語りの文脈などより幅広い条件を考慮して，語りの前提になっているセラピストの立ち位置やクライエントとの向き合い方を，解釈学的（hermeneutics; Mcleod, 2000）に分析することを試みた。つまり，分析1が，セラピストが意識している語りを再構成しているとすれば，分析2は，本人も明確に意識してないような，語りに内包される暗黙の前提を解読していこうと試みるものである。

　よって，分析の手順は以下のようになった。まず，インタビューで得られた録音データから，トランスクリプト（逐語録）を作成した。次に，セラピストのインタビューに見られる臨床における言葉の役割や臨床的な姿勢をM-GTAを用いて分析した。逐語録から，各セラピストについてダイアグラムを作成し，ここで得られたセラピストの枠組みに基づき各事例を分析した。以上を分

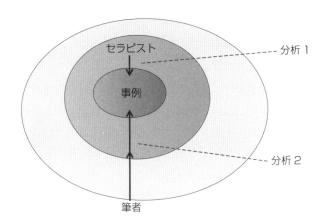

図 4-2　本研究の重層構造と各分析の位置づけ

析1と位置づけ,「インタビュー分析」「事例分析」として記載した。次に,セラピストの語りと事例について筆者が解釈学的に分析し,分析2と位置づけ,「インタビューと事例の解釈」として記載した。さらに,セラピストとしての筆者の視点から追記し,「インタビューを終えて」に記載した。以上の分析と解釈を相互作用させつつ循環的に行い,最後に両者を統合して,言葉によって転機が生じるための条件とプロセスについての仮説モデルを生成した。

「インタビュー分析」と「事例分析」の過程

M-GTA は,データを切片化せず,現象の大きな流れや,データの中に表現されているコンテクストの理解を重視する姿勢をとっている。さらに,コーディングに分析ワークシートを用いることによりデータと生成された概念との距離を常に一定に保つことができ,よりデータに密着した分析ができるとされている（木下,2007）。本研究においても,セラピストの語りとその文脈を大切にするために,データをばらばらに切片化せず,意味の持ったまとまりとして捉えることを推奨している M-GTA による分析方法を採用した。

　分析はインタビューを終えて逐語録が出来上がったもののうち,研究テーマ

に照らしたとき筆者がもっともよく理解できていると思われるデータから分析を始めた。概念の生成は，M-GTAの概念生成方法に基づいて，データの解釈から直接生成していった。まず，収集したデータから，文章または段落ごとにセラピストの臨床的な姿勢や言葉に対する考え方が表れている部分を抜き出して，それを概念化していった。そして，その部分になぜ着目したのかを考えつつ，文脈を考慮しながらデータで語られたことの示す意味について解釈し，それを逐語録の欄外にメモしていった。次に，そのメモを見ながら，それらを示す概念として，仮の名前と定義を導き出していった。それと並行して，類似した解釈を示す別のデータを探し，生成した概念に当てはまるのか，異なるものなのか考慮した上で，同じものであればバリエーションとして生データをそのまま生成した概念の下に記し，異なるものであればそこから新たに概念を生成する，といったことを繰り返していった。概念ごとに概念の定義とそのバリエーションを示す生データ，考えられる他の解釈を理論的メモとして記述した分析ワークシートを作成していった（表4-3）。分析ワークシートは，すべての概念ごとに作成した。概念によってはバリエーションが増えすぎたり，バリエーションがほとんどないものもあったため，そのつどデータに立ち返り，それぞれの文脈を見ながら再度検討した。その際，「生成される概念にはその説明力，説明範囲でばらつきがありでこぼこしている。あるものはかなり限られた範囲であるのに対して，他の概念も包括しカテゴリ候補となるものも含まれていて，幅のあるものである」という木下（1999）の指摘を考慮し，概念の抽象度の違いに注意した。こうした作業によって，当初ばらばらであった概念がより上位の概念に吸収されたり，逆にひとくくりにされた概念が異なる概念として抽出されたりした。最後に，条件と帰結，介在条件，副産物，アンビバレンツなどの概念間の関係性に着目し，概念同士を関係づけてダイアグラムにまとめた。以上の作業を，各セラピストについて行った。

「インタビューと事例の解釈」の過程

分析2では，調査協力者の語りと事例について一言一句丁寧に拾い上げつつ解釈した。ここでの解釈は，ガダマー（1976）やマクレオッド（2000）の

表 4-3　分析ワークシートの例

概念 17　セラピストがクライエントを変えようとしないこと

定義　援助職はともするとクライエントの変化を促そうとしがちだが，それにブレーキをかけ，クライエントの持っている力を信じて「そのままでいい」と思うこと

バリエーション（具体例）
- だから，やっぱり相手に変わってもらおうとか，相手を変えようとかいうのを，私はカウンセリングで考えてはいないような気がする。
- 基本的に，これはもう治療の基本であるけど，「こうしたらいいよ，ああしたらいいよ」と言うんじゃなくて，「とりあえず今のままでいいですよ」，「とりあえずあなたがオーケーですよ」とずっと言い続けたら，ぽっと変わりますよね。
- 人間は変化していくのが当たり前なので，その人が変化していくという前提で，カウンセリングで何とかしましょうみたいな。でも，あんまりそれも思わない方がいいよね。……自分の関わりというのを，より前のめりじゃなくて，少し引いてかかわれるようなスタンスづくりに使えるのかなと。
- やっぱりフリースクールにしても，スタッフは，元気になってもらおうとか，たくさんしゃべってもらおうとする。しない，しない，しゃべらなくていい，今のままでいい，それがスタートよ。「最近，しゃべるようになりましたのよ」，ううん，がんばっているかもしれないからね。＜そうですね，無理をしているかもしれないですよね。＞やっぱり，つい援助職はそうなってしまうので。それをどうブレーキをかけるか。

理論的メモ
- 「変化を焦らない」という概念 15 との関係で考える。
- 変化するには，「ああしたらいいよ」と提案するのではなく，「今のままでいいよ」と言い続けたら変わる，という逆説。北風と太陽のエピソード。
- 治療の目的はクライエントの変化ではなく「クライエントに楽になってもらう」ことであると述べている。

「テクスト解釈学」を参考にしつつ行った。「テクスト解釈学」（hermeneutics）とは本来，「一般公開されているか，あるいは少なくとも論文の読者が容易に目にすることができるような文書（テクスト）を研究するために開発された方法」（Mcleod, 2000）である。しかし，「いかなる人間の行為もテクストとみなすことができるし，また解釈可能である」というリクール（1965）の主張を考慮するとき，インタビューにおける語りもまた広義での「テクスト」と捉えることができる。よってここでは「テクスト解釈学」を質的研究の方法論に敷衍し用いることにした。

「テクスト解釈学」は，「人もしくは集団の言動の"根底にある意味を明らかにする"解釈という行為」（Mcleod, 2000）として定義される。本研究では，各事例において転機が生じる際，セラピストがどのような言葉を発し，それはどのようにクライエントに届いたか，また転機の背景にどのような条件が存在し，転機の前後で何が変化したか，といったことに着目した。この際，転機のきっかけとなったセラピストの言葉とその言葉に対するクライエントの反応や前後のプロセスといった事例の中の出来事のみならず，その事例を語るセラピストの語りの特徴自体を対象化し解釈することで，よりメタレベルの解釈をすることを試みた。このような解釈を可能にするために，録音した個々の語りを何度も聞き返し，逐語録における「事例の語り」の箇所を読み返すことで，そこに内在している語りのパタンや反復される言葉を抽出するという作業を行った。解釈学的な考え方の根本には，解釈学的円環（hermeneutic circle）と言われる弁証法的なプロセスの概念があり，この解釈的な試みの導き手となる（Gadamer, 1976; Kockelmans; 1975）。解釈学的円環とは，部分は全体から理解されねばならず，全体は部分から理解されねばならないという解釈にまつわる循環のことである（Cohen, 2000）。よって，セラピストの語り全体を把握し，その意味を語りの断片を理解するために用い，逆に，部分に対する微細な分析を行い，その知見を，語り全体の意味を再解釈するために用いるようにした。このような部分と全体の行き来を繰り返す作業によって，「明瞭に意図されているか，あるいは少なくとも暗示的にテクストの中に表現されていると考えられる」（Radnitzky, 1970）意味を発見することを試みた。
　以上のように，全体から導き出された意味を部分の解釈に用いて，さらに部分の意味から全体を解釈し直すという作業を繰り返すことで，部分と全体の微妙な「ズレ」や「矛盾」があらわになり，より肌理細やかな解釈が成り立ち，新しい意味を発見するということが可能となった。

「結果と考察」の記述について

　質的研究において結果を記述するにあたって，個々の資料の引用部分と解釈を結びつける上で，二つの戦略がある（Emerson, 1995）。一つは引用部分と解

釈部分を組み合わせて記述する統合的記述法であり，もう一つは引用部分と解釈部分とを明確に区別して書く分離的記述法である。一方，統合的記述法と分離的記述法を組み合わせる方法もある。

　本研究では，分離的記述法を基本として用いつつ，補完的に引用する部分や再掲することで強調したい引用部分については統合的記述法を用いるという，両者を組み合わせた方法を用いる。

　分離式記述によるデータの引用部分は，四角い枠で囲む書式を採用する。枠内の記述は，インタビュアーとしての筆者の発言は〈Q：〉から始めることで示し，協力者の発言はセラピストA～Eをそれぞれ〈A：〉～〈E：〉から始めることで示す。本文における記述は，インタビューの引用と文献からの引用部分は「　」で括ることで示し，M-GTAによって抽出された概念は〈　〉で括ることで示し，筆者の強調部分については"　"で括ることで示した[1]。

---

1) なお，「Ⅳ　インタビューを終えて」についてはすべて「　」で統一している

第 II 部

セラピストのインタビューとその分析

―― どのようにして変容が生じたか ――

第5章
セラピストAについての分析

「飽和状態に，言葉という異物が入った途端
結晶が出てくるのですよ」
——山中　康裕

セラピストAについて——本人による自己紹介

　精神科医。臨床経験42年。もともとはビンスワンガーやボスなどの現存在分析から出発したが，カルフのSandspiel（箱庭療法）と出会い，これを訳していく中で，フロイトやユングに触れるようになった。一方，実践の場で，自閉症や不登校児などのセラピーに関わり，より，根源的な治療経験を重ね，国内外を問わず，これまで書かれて来たことに根本的な疑問を抱き，実践の場であらわれてくることこそが真実である，との信念のもとに，現在も第一線にある，と自負している。患者こそが最大の教科書なのである。

セラピストAと筆者——筆者による紹介

　先生の著作を何度も読み返し，直接教えを受けたくて，先生の大学の門を叩いた。実際に講義を受けると，その一言一句が深遠で，毎回時間を忘れて聞き入っていた。先生がキャンパス構内を歩いていると，遠くからでもすぐに目がいく。先生がいるだけで，自然と人が集まってくる。カリスマ性というのはきっとこういうものなのだと思う。それほど偉大な存在にもかかわらず，一学生にすぎない筆者に対して，いつも真剣に向き合って下さった。このインタビューでも，先生の真摯なお人柄がにじみ出ている。

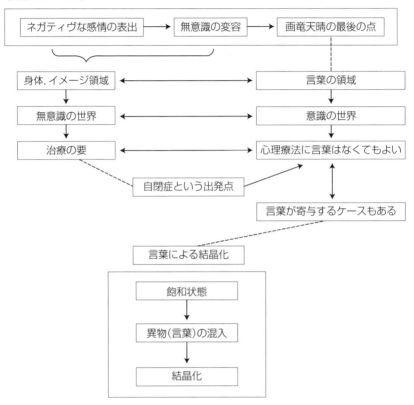

図 5-1　セラピスト A のダイアグラム

I　インタビュー分析

　セラピスト A（以下 A）のダイアグラムは，図 5-1 のようになった。まず，A の臨床姿勢と，臨床における言葉に対する考え方について，ダイアグラムに基づきつつ説明する。

「心理療法に言葉は必要ない」

> A：僕は心理療法に言葉など必要がないというね，立場の人なんですよ。私は今まで四十何年，治療者をやってきたけど，言葉が関与して治ったというケースよりも，言葉なしで治ったケースのほうが圧倒的に多いのよ。
> 　まず，だから心理療法とは何かというところから始まるのね。あなたのテーマは間違っていないけど，僕の意見をはっきり言うと，治療者の何気ないひとことが結晶化させるのに関与することはありえます。それはありうる。
> 　だけど，それは心理療法の根幹じゃないのですよ。

　Aはまず，「僕は心理療法に言葉など必要がないというね，立場の人なんですよ」と明確に述べている。セラピストの一言が，「結晶化させるのに関与することはありうる」が，それは「心理療法の根幹ではない」と言う。なお，「結晶化」の意味については，事例に基づき後述する。
　Aはその一つの例として，以下のようなある研究会での出来事を挙げている。

> A：なぜかというと，一つの例を挙げると，もうずいぶん前だけど，心理療法における言葉の意味というので，O先生と僕は論争したことがあるの。O先生がお書きになったことの骨子は，遊戯療法において，その遊戯は言葉に至る前提であると。そして最終的には言葉に持っていって，言葉で治癒をもたらすのが遊戯療法のほんとうの最終目標なのだというのが彼の骨子だったの。
> 　僕はそれを読んだときに，これはちょっと違うと思ったのね。もちろんO先生のようなケースは私も経験したことがあるし，間違っているとは思わないけど，遊戯療法は遊戯療法だけで完結

> することがある。必ずしも言葉という前提を置かなくてもいいというのが私の立場だったの。
>
> （中略）それでO先生はその事例をずっと分析されて，それで最終的にセラピストが使ったり，クライエントが使ったりする言葉を拾い出して，これがその証明なんだよと。こういうふうに言葉に，きれいに，見事に結晶化している。先生は結晶化という言葉を使わなかったけど，そうおっしゃったの。
>
> ところが，言葉以前に，そのお出しになった絵画が20点ほどあったんだけど，もう見事に絵画が語っているのね。
>
> その絵画の次元で，もうすでに完結していて，言葉でその画竜点睛を欠くというか，最後の点でその絵を完成させたという言い方はできるかもしれないけれども，セラピーをしたのはその言葉ではなくて，絵画そのものを表現すること自体が，この人を治癒に至らしめているのだという話を僕はしたの。
>
> すると，O先生はそのとき何とおっしゃったかというと，「まったく言われたとおりだね，僕は今までそういう観点を持ったことがなかった。最後の完成体にするのに言葉が大事だと思っていたよ」と。「だけど，たしかに君の言うとおりだね」と，そのときおっしゃったのね。

研究会でO先生は，治療における言葉の意味を強調したが，Aは「その絵画の次元で，もうすでに完結している」「見事に絵画が語っている」ことを指摘する。そして，「画竜点睛を欠く」という言い方はできるが，絵画を表現することそのものが，クライエントを治癒に至らしめていると述べている。ここからは，絵画というnon verbal（ノンヴァーバル）な次元での表現こそが治療に寄与したのであり，言葉は補足的なものにすぎない，という考え方がうかがえる。「言葉に至らなくても，言葉以前のイメージのレベルできちんとセラピーがなされる必要がある」のであり，画竜点睛の点という形での言葉は「ある場合もあるし，な

い場合もあって,どっちでもいい」のである。

イメージ領域と無意識の変容

> A：言葉も僕は無意味だとは思わないけれど,だけど言葉だけに注目していると,往々にして間違うと思うの。意識の世界なのね,言葉というのは。
>   意識の世界は,画竜点睛の最後の点を添える部分には意識も関与するけれど,ほとんど用意しているのは無意識なのですよ,変化を。人間の心の変容を用意し,それをお膳立てしていくのは無意識のほうなので,言葉で無意識を変容させるという不遜さをわれわれは持たないほうがいいというのが私の心理療法の論なのですよ。
>   そのためにはまず,自分たちの心のエネルギーのほんとうの動きを押し止めてしまっているネガティヴな感情を,まず表出すること。最初にね。
> Q：ああ。イメージとしてですね。
> A：そう。イメージでも,何でもいいです。言葉でも,罵倒語でも何でもいい。行動でも何でもいいですよ。とにかくネガティヴな感情を表出することが許容されて,そういうものが全部出ちゃったあとにイメージ領域が動き出すので,そうするとイメージの領域でどんどん,どんどん変容していく。その最後に言葉がそれに手助けをするということはあるというのが,僕の心理療法論です。

 この語りから,Aの述べる治療プロセスは,以下のようなものである。まず,〈ネガティヴな感情の表出〉である。これは,イメージ,言葉（罵倒語），行動など,どのような形でなされてもいい。そのような表出が許容されて,「全部出ちゃった」後に,イメージ領域の変容,いわば〈無意識の変容〉が起

きる。さらに最後に,言葉が手助けすることはありうる。なおAは,ネガティヴな感情を表出する際の罵倒語などの言葉と,治療に転機を生じさせる結晶化としての言葉を区別している。

言葉は治療の最後に添える〈画竜点睛の点〉であり,その点によって「より明確な治療像を打ち出す」ことはできかもしれないが,それがなくとも,治療は成立するという。「イメージ領域で,ずっと連綿として流れる力があったら,流れをきちっとともにする力があったら,それだけで乗り越えていく部分はある」とAは述べている。さらに,ボーダーラインなどについては,「身体化した方が,流動状況に持っていくことは実はたやすいんです。言葉だけでやろうとすると,かえって至難ですね」と言及している。

ここでAは,〈身体やイメージの領域〉と〈言葉の領域〉を一線で画しており,前者こそ〈無意識の世界〉であり〈治療の要〉となるもので,後者は〈意識の世界〉であり「あってもなくてもよい」と指摘している。

よってダイアグラムでは,〈ネガティヴな感情の表出〉が生み出す〈無意識の変容〉という一連の治療過程が〈身体,イメージ領域〉であり〈無意識の世界〉に相当し〈治療の要〉となること,これに対し,言葉は治療において〈画竜点睛の最後の点〉にすぎず,〈意識の世界〉に属するため〈心理療法に言葉はなくてもよい〉ことを示した。

Aは「言葉で無意識を変容させるという不遜さをわれわれは持たない方がいい」と言葉偏重の心理療法に警鐘を鳴らしている。「言葉が,本体を見るのを歪めている,歪みレンズになる」「言葉ばかり扱うと頭でっかちになる」と述べ,「身体化やイメージの世界で真剣に渡り合った方がいい。膿は早く出たほうがいい」と〈身体,イメージ領域〉の重要性を主張している。

自閉症という出発点

こうした臨床観には,Aが自閉症の治療を出発点としているという背景がある。

> A：なぜかというと、私は自閉症の治療から始めたのね。自閉症の子たちは言葉不信があるのです。だから大人が言う言葉なんて、まず何も信用しないんです。言われていることと、考えていることに、非常に乖離があるということは、子どもたちが気がついているので、だから言葉など一切聞く耳を持たないわけ。
> 　そういう子たちに、どういうレベルで、どういう形で、ほんとうに信頼できる治療関係を結べるかということが私のテーマだったから、言葉など一切語らなくて、動作と感情だけで彼らに接していた時期があるのね。
> 　そのことがベースにあって箱庭療法が入ってきて、箱庭でやったり、絵画でやったり、写真というイメージだけを使うことによってできたり、いろいろなケースを体験したの。(中略) 自閉症の人たちは、言葉を失くした人たちや言葉を拒否した人たちである。言葉を拒否した人たちに言葉で接するほどの虚しさはないのね。それは、まるで馬鹿みたいな話でしょう。
> Q：そうですね。それはほんとうにそう思います。
> A：だから言葉を失った人たち、言葉を拒否した人たちに通用する方法論を、どう自分のものにするかというのが私のテーマだったから。
> Q：そこを出発点に。
> A：だから、そこが出発点だから、やっぱり私の志向性とか趨勢はそっちにあって、……私の志向性はイメージ領域の方に開かれていたから、どうそのイメージ領域の流動性を回復するかということが私のテーマでずっと40年やってきたからね。

　自閉症の子どもについて、Aは「言葉不信」「言葉を失くした人たちや言葉を拒否した人たち」と述べており、そうしたクライエントに対して「言葉で接

するほど虚しいことはない」と語っている。言葉というツール以外の方法で，どうすれば「ほんとうに信頼できる治療関係を結べるか」を模索し，動作や感情だけでクライエントに接していたという。よってダイアグラムでは，〈自閉症という出発点〉という概念を設け，〈心理療法に言葉はなくてもよい〉という概念につなげた。

　Aはその著書で，「内的なイメージ」を媒介にクライエントと関わることの重要性を指摘している。その媒介は「無論それらは私の方が押しつけるのでなく，クライエント一人ひとりのもつ『窓』に私が同調する中で見出していく」という。ここには，コミュニケーションの内容のみならず，その「媒介」についても，それぞれのクライエントの持つ形を尊重すべきという考えが見られる。

　以上のように，Aは言葉への不信感をあらわにする一方で，「言葉が治療に寄与するケースもある」と述べている。ここでは，先に事例を示しつつ，〈言葉による結晶化〉についてダイアグラムに基づき説明する。

II　事例分析

【事例　50代　男性　汚言症】
A：50代の男性で，発病してもう三十何年，統合失調症という，まあ当時は分裂病と言ったけれども，そういう診断名が下りて入院していらした方がいたのね。それは田舎の，僻地の病院でね，僕は週に2回だけ，そこへおじゃましていたんだけど。
　その人の症状たるや，もうとてもね，若いあなたのようなきれいな女性の前ではとても言えないような，もうむちゃくちゃな言葉，コプロラリア（汚言症）と言うんだけど。
Q：はい。ありますね。
A：コプロラリアだけが彼の症状だったの。もう女性の性器のことやら，男性の性器のことやら，とにかく糞便のことやら，罵倒語

やら，そういうあらゆる人間の使う言葉の中で汚い部分だけを，ごった混ぜに，ずらっと一日中しゃべっているのよ。とても耐えられない，私なんかは。

　でも最初は，その人は何か伝えたいものがあるに違いない，そういうのにまぶして何か言いたいことがあるのかもしれないと思って聞いていたわけよ。来る日も，来る日も。

Q：聞いていらしたんですね，それは。
A：うん。ずっと聞いていたのね。3週間ぐらい僕は耐えたかな。
Q：ああ。
A：でもね，ちっとも何も伝わらないわけ，私に。
Q：そうですよね。
A：嫌だと，もう耳をふさぎたいし，しゃべるのをやめてよと，そんな嫌な言葉は聞きたくないよと，そういう気持ちがあんまり出てきたので，「もう煙幕を張るのをやめたら」と僕は言ったのよ。
Q：えっ。煙幕。
A：そう，そう。「もう煙幕を張るのをやめたら」と，僕はひとこと言ったのよ。
Q：はあ。
A：そしたら，ぱっと顔が変わって，急に「お前が初めて俺の言葉を聞いてくれた」と言ったのよ。
Q：それは，煙幕を張っていたというのは。
A：僕は煙幕だと見たのよ。
Q：はああ。
A：ほとんどの人はもう辟易して，最初の1回か2回でもう会うのが嫌なのね。だから，誰にも診られなかったわけ，30年間ね。だから20代で入院したのに，30年間，50いくつになるまで，一応診断名はついて，薬は与えているけど，誰も治療しようとも思わなかったし，治るとも思わなかったみたい。とにかく耐えられないのよ。その言葉のあまりのひどさに。もうまさに名前のとおり

コプロラリアですよ。
　それで,「もう煙幕を張るのをやめたら」って,僕はもうとてもじゃないけど,「やめて」という言葉の代わりに使ったのよ。「やめて」というのは,おそらくたくさん聞いたに違いないから。だから新種の言葉を使ったほうが,この人には通じるだろうと思って,で,僕はもう煙幕なんか聞きたくないと,煙幕を使うのをやめたらと申しあげたのよね。
　そしたら,しばらくじっと僕の顔を見たの。急にやめてね,言葉を。それで,「お前が俺の言葉を聞いた初めての人間だ」と言ってから,声のトーンがくっと変わって,「実は」という話で,ちょっとずつ,ぽつぽつと自分の生活史が出てくるようになったのよ,その次の週から。
Q：もうその汚言は,あまり出なくなったのですか。
A：あまりじゃない。1個も出なくなった。
Q：1個も出なくなった。すごい。
A：だから,そういうケースもある,たしかに。
Q：はああ。
A：だから,これは明らかに言葉が,門を開ける鍵になった事例だということは間違いないと思う。

限界までつき合う

　Aは,クライエントに言葉が届き,治療に転機が生じた理由について以下のように述べている。

Q：そのときに言葉がこう,どうして入ったのでしょうね,ぱっとそのときに。
A：やっぱり僕は3週間,一所懸命それを隣でずっと聞いていたから

> でしょうね。耐えていたからだと思う。
> Q：そうですよね。耐えることなしでは入らないですよね。
> A：もう耐えられなくなったから，言ったんでね。
> Q：その限界までいかれた。
> A：限界までつき合ったわけよ。それはあると思う。「こいつ，ちょっとおかしいやつだ」と患者さんとしては思っていただろうね。とにかくこれだけ，があっと汚言を吐いて，それは要するに「早く失せろ」という意味なのよね。
> Q：なのに失せない。
> A：失せないから。

　Aは，転機が生じたのは，クライエントの汚言を「3週間，一所懸命聞いていたから」「耐えていたから」と述べている。クライエントの汚言は，「早く失せろ」という意味であるのに，いつまでもセラピストが聞き続けるので，「こいつ，ちょっとおかしいやつだ」とクライエントは思ったに違いないと推測している。ここでAは，転機が生じたその瞬間よりも，「限界までつき合う」というそれまでの過程に重点を置いている。

イメージに裏打ちされた言葉

> A：それで，とうとう私が煙幕のことを口にしたの。なんで煙幕という言葉を僕が思いついたのかは，今でもわからないんだけど。
> Q：わからないんですか。
> A：でも，わあっと黒い煙が渦巻いているイメージが僕にあったからね。
> Q：ああ，なるほど。
> A：だから，僕はそのイメージを言葉にした，僕の方はね。なにか考えたわけじゃないんですよ。もうね，わあっと嫌な言葉が，黒い

> 　　煙がいっぱい口から出てくるというイメージだったのよ。
> Q：その言葉が黒い煙のように。
> A：悪魔がわあっと口から出しているのがあるじゃない。
> Q：わかります。はい。
> A：それでもう，すごい煙幕で見えない。だから，もう煙幕はやめてくださいと僕は言ったのよ。
> Q：そうすると霧がすっと。
> A：そうすると，ばしっと晴れたんですよ。そして，じっと僕を見て。彼自身もおそらく自分でも嫌だったと思うのよ，それを言うことがね。
> Q：そうですよね。
> A：言っていることで人が近づいてこないから，それは，ある意味自分を守る方法ではあったけど，よけいに寂しいやん。
> Q：ほんと，寂しいですよね。

「煙幕」という言葉は，「考えて」言ったのではなく，黒い煙が渦巻くという「イメージ」を言葉にしたという。Aは冒頭の臨床観において，「イメージ領域」と「言葉の領域」を明確に区別し，前者を無意識領域とし，後者を意識領域とした。しかしここで，「イメージを言葉にした」という，両者が渾然一体となった表現が登場する。それは頭で考えて発したのではなく，無意識の世界にあるイメージをそのまま言語化したものだと言える。「煙幕」という言葉は，Aが批判する「頭でっかちの」「意識領域の」言葉というより，「わあっと黒い煙がいっぱい口から出てくる」という豊かなイメージに裏打ちされたものだと言えよう。

「本音」の吐露

> A：彼としては，「もう一切近づきたくない，近づくな。嫌なやつだ，

みんな来るな」と。とにかく「お前ら来るな」という意味だったのよね。だけど，「お前ら来るな」と言われたから，「はい，わかりました。来ません」では治療にならないのよね。なんで彼は，そんなすごい煙幕を張らなきゃいけなかったのか。

　実は，これは，ちょうど今ぱっと思い出したんだけど，グリム童話のカエルのケースがあるよね。

Q：お姫さまが投げる。

A：そう，そう。「もう嫌」って，お姫さまが壁にぶつけるよね。そしたら。

Q：王子さまに。

A：王子さまに，実は王子さまがカエルに変えられていたという，あれに似ているよね。

Q：ほんとですね。

A：そっくりだよね。

Q：そっくりですね。

A：うん。今思い出した。

Q：ほんとだ。

A：うん。だから，ああいうケースも実際あるのだということね。だから，童話という表現で神話化されているけれど，実際にああいうケースがあったんだと僕は思う。

Q：でも，そういうときって，いわゆるセラピーの定石どおりの「クライエントに寄り添って」とか，「クライエントのことを考えて」といったこととは違いますね。

A：そんなきれいごとではないんだよ。全然。

Q：もうセラピストの本音がぽろっと出た瞬間に。

A：限界が，ですから本音が出たんですよね。あれも本音でしょう。お姫さまが，「もう嫌」ってね。

Q：そうですよね。

A：気持ち悪いもんね。

Aはここで,事例から,『蛙の王様』のグリム童話を連想している。「もう嫌だ」という本音をぶつけられて変貌を遂げる,という点で両者は共通している。筆者が「クライエントに寄り添って」といった「セラピーの定石」に触れると,「そんなきれいごとではない」とAは答えている。

この「本音」のタイミングについて,Aは以下のように述べている。

> A：だけどそれは,はじめから本音を言っちゃうようだったら,セラピーにならないのね。
> Q：そうですね。限界まで耐えて。
> A：うん,我慢に我慢を重ねて,限界まで行って,なおかつそこを超えるときに本音が出たという言い方だったら,正しいんじゃないかしら。
> Q：そうですね。
> A：そういうときに言葉がまさに腑に落ちる,結晶化するものになることは,僕はありうると思う。

つまり,最初から「本音」を言ってしまっては,身も蓋もない。そうではなく,「我慢に我慢を重ねて,限界まで行って,なおかつそこを超えるときに本音が出た」という条件で,転機は生じうると述べている。

言語による結晶化

こうした一連の出来事は,Aの「言葉による結晶化」という独特の表現に集約される。ここで,「言葉による結晶化」について引用する。

> A：化学の実験をやっていると必ずわかるんだけど,たとえば,ある溶液に硝酸銀をずっと入れていくのよ。ところが,飽和溶液に

なっても結晶はなかなか出てこないのね。ところがそこへ，ぽんとね，何か別のもの，たとえば鉄でも何でもいいけど，それを入れると，途端にぱあっと結晶が出てくるのよ。
Q：言葉は，やはりそれなんでしょうか。
A：うん。それなんです。要するに飽和溶液になっているということが条件だということ。
Q：限界があると。
A：そう。限界を超えているんだけど，何かの条件で析出しないときに，異物がぽんと入った途端に結晶が出てくるのよ。
Q：なるほど。
A：そのイメージなんです，その言葉は。
Q：ああ，なるほど。ほんとですね。それは先生がぽろっと出された本音であったり。
A：そう，そう。限界まで来なきゃだめよ。
Q：なるほど。最初から異物があったら。
A：異物だけ入れていたら，それそのもので，何にもべつに結晶も出ないね。
Q：そうですよね。
A：だから，あることで，ずっと積もり積もって，たまりたまって，限界を超えているのだけど，結晶化していないときに，何か異物を入れることによって，析出させるときが，言葉が転機になるときだというのが僕の捉え方です。
Q：そうするとそれは，すごいタイミングというか。
A：そう，そう。タイミングも必要だし，それから，やっぱりそこまで析出するだけの飽和溶液が。
Q：飽和状態じゃないと。
A：飽和状態に達しているということが条件になるから。そのときに，そういう言葉がちょっと入り込むと，急に，「先生，それなんです」というかっこうで，ぱしっとね，両方に共有できる言葉

> になるということだよね。

　この事例に即して言えば，まず，Aが「耐えられない」と思いつつも必死で聞き続けた時期がある。この時期，Aの中では"耐えられないという気持ち"と"何か伝えたいことがあるのかもしれない"という気持ちが葛藤している状態である。そしてとうとう「もうこれ以上聞きたくない」という限界，いわば〈飽和状態〉が訪れる。そこでふと口をついて出た言葉が，〈異物の混入〉であり，それによって途端に〈結晶化〉が起きたのである。つまり，最初から「異物」があったら，結晶化は起きようがない。Aが再三強調しているように，「積もり積もって，たまりたまって，限界を超えているんだけど，結晶化していない」ことが絶対条件である。セラピストは「飽和状態」になるまで辛抱強く待ち続けなければならない。その上で，先述の「本音」といった「異物」が混入することで，転機が生じると述べている。

III　インタビューと事例の解釈

心理療法はきれいごとではない

　「言葉」をテーマに掲げた筆者に，Aは開口一番，「心理療法に言葉など必要ない」と告げた。しかし筆者は不思議と，否定された感覚を持たなかった。むしろ，「この先生は自分と向き合ってくれている」と感じ，なにか打たれるものがあった。インタビューというものは，一般に，インタビュアーとインタビュイーがいて，前者が後者に質問し，後者が答える，という形をとる。しかし，Aのインタビューでは，「私はこのように考える。あなたはどうなの？」と問われる局面にたびたび立つことになった。そのつど，インタビュアーである筆者自身が，自らのあり方を問い直し，ふり返らざるをえなかった。

　Aはインタビューの随所で，まだ理論しか知らない筆者がいわゆる「セラピーの定石」と呼ばれるものに言及すると，「そんなきれいごとではないんだよ」「きれいごとではやらない」と繰り返し答えている。実際，Aは理屈やご

まかしといったものを一切口にしない。こちらがそれを使おうしても通用しない。一瞬で見透かされてしまう。Aの言葉は，どの部分を拾い上げても，あまりに真摯でまっすぐこちらに向かってくるので，その迫力に圧倒され，自らも正直にならざるをえないのである。インタビューにおけるこうした特徴は，Aの臨床のあり方と重なるものと思われる。

セラピストとクライエントの閉塞感

　以上のことを踏まえつつ，事例について解釈を試みる。まず，Aのうんざりした感情が表現の端々に表れている。「その人の症状たるや，もうとてもね」「とにかく糞便のことやら」「とても耐えられない」に見られるように，「もう」「とても」「とにかく」という強調語を何度も使っており，セラピストの手に余る様子が伝わってくる。汚言に対する拒絶反応と嫌悪感が，「むちゃくちゃな言葉」，「あらゆる人間の使う言葉の中で汚い部分だけ」「ごった混ぜ」という表現や「女性の性器のことやら」「罵倒語やら」といった「やら」という語尾にも表れている。

　会うたびに汚言しか吐かないクライエントに対し，Aの苛立ちが募ってくる。「ずらっと一日中」「来る日も，来る日も」という表現に，同じことを繰り返して進展のないクライエントに対する苛立ちと，苛立ちが積み重なっていく緊張感の高まりがある。それと同時に，同じことが延々と反復され出口のない事態に対する，セラピスト自身の閉塞感のようなものが伝わってくる。しかし，この閉塞感こそが，クライエントが30年にもわたって，汚言を吐き続ける中で抱えてきた感情なのではないかと推測される。

言葉そのものと，言葉の向こうと

　Aは「とても耐えられない，私なんかは」という気持ちと葛藤しつつも，実際にはこの時点では「耐え続ける」方を選んでいる。この背後には，「その人は何か伝えたいものがあるに違いない，何かそういうものにまぶして何か言いたいことがあるのかもしれないと思って聞いていた」という気持ちがある。言葉そのものを真に受けずに，その奥にある意味を汲み取ろうとする姿勢は，

クライエントの真のメッセージを何とか聞き取ろうとする誠実さであると同時に，A自身を守る機能を持っている。即ち，"言葉の向こう"に注意を向ける限り，Aは汚言という"言葉そのもの"にまみれることを避けることができる。

Q：先生がその汚言を文字どおりに受け取っていらっしゃらなくて，その裏の意味を見ていらっしゃったからこそ，その言葉が出てきたのでしょうか。

A：いや，いや。だから，裏の意味を見ていなかったんじゃなくて，何が何だかさっぱりわからないの。

Q：でも「煙幕」っておっしゃったということは。

A：そう，何かがありそうだと。

Q：そこを見ていらした。やっぱり言葉よりも深いものを見てらした。

A：そう。うん。

Q：その，真に受けていなかったわけじゃないですか，少なくとも。

A：そう，そう。煙幕そのものをね。

Q：そう，そう。

A：だから，煙幕は聞く耳を持たないぐらい，とてもじゃないけど耐えられないのよ，あんまりひどいから。もう4つか5つ並べてごらん。それだけで嫌だから。そうでしょう。もうむちゃくちゃ汚い言葉でしたよ。

Q：ええ。

A：よくぞこんな言葉を四六時中，朝から晩まで言っているわと思う。みんな，それだけで，まず近寄らないよね。

　で，さっき言ったように，この言葉の裏側に，何かあるに違いないと思っていたんだけど，どうもコプロラリア以外に何も出てこないし，何も語ろうとしないから，もうとうとう，3週間は耐えたんだけど，もうとてもこれは4週も耐えられないと私は思っ

> だからね。もう煙幕はやめてくださいと。
> そしたら，彼はそういうふうに言ったよ。それは，たしかに言葉が一つの門口を開ける大きな力になったことは事実だと思う。

「この言葉の裏側に，何かあるに違いないと思っていた」というAの仮説は，クライエントによっていったん裏切られることになる。Aは，汚言を聞き続ける中で，その「裏側」の「何か」が出てくることを信じ，期待していた。しかし，クライエントは汚言しか吐こうとしない。Aは，「もうとてもこれは4週も耐えられない」という心境になる。「何が何だかさっぱりわからない」と述べているAは，クライエントの言葉を知性化し解釈しようという，いわゆるセラピストらしい役割に限界を感じている。

Aは「嫌だと，もう耳をふさぎたいし，しゃべるのをやめてよと，そんな嫌な言葉は聞きたくないよと，そういう気持ちがあんまり出てきた」と述べている。こうした感情は，常に中立性が求められるセラピストという役割を超えたところで内側から"湧いてきた"ものと思われる。

セラピストでもあり，生身の人間でもある地平

Aは，グリム童話を引き合いに出しながら，「本音」を告げることの重要性を指摘している。この事例を，「本音を出すこと」つまり，セラピストが役割を超えるという観点から捉えた場合，どうだろうか。治療当初，Aはクライエントの言葉を意味論的に聞いていた。そのとき，クライエントは対象化され，その言葉は知性化して解釈されている。しかし，「こういうことを言っている人に耐えられない」と思ったときのAは，自身の生の感情に触れている。クライエントや自分自身を知性化し，冷静さを保っていたAが，限界に達した瞬間である。このときAは，自分の中にある不如意な感覚を認めざるをえなかったのではないか。そこで自分の感覚に直に触れ，"生身の人間"としてクライエントと対峙せざるをえなかったため，その言葉はインパクトを持ってクライエントに受け入れられたと考えられる。

ではここでAは，セラピストという役割を完全に降りて，喜怒哀楽のある"生身の人間"になっているのだろうか。確かに心理療法においては通常，セラピストはその役割をまっとうすることが求められ，セラピストの感情は役割の背後に隠れている。しかし，この事例のように感情を押し殺し続けて，それでも耐え難い状況になったとき，冷静なセラピストを演じるべきか，それともその感情を表明すべきか，という問題がある。前者のみを選ぶなら，人間味のない能面のようなセラピストとなりうるし，後者のみを選ぶなら，個人的な感情が前面に出ることになる。「煙幕を張るのをやめたら」という言葉は，セラピストの"我"が言わせているのだろうか。そうであれば，それがクライエントに届き，響く言葉となりえただろうか。Aはここで，セラピストであると同時に，感情を持った"生身の人間"として言葉を発していると推測される。つまり，普段は職業的役割の背後に隠れていた感情があらわになっているが，かといってセラピスト役割を手放したわけではない。セラピストでもあり，"生身の人間"でもある，そうした地平に立っていると思われる。

　Aがセラピスト役割を放棄していないことは，以下の語りからも推測される。「もう煙幕を張るのをやめたらって，僕はもうとてもじゃないけど，『やめて』という言葉の代わりに使ったのよ。『やめて』というのは，おそらくたくさん聞いたに違いないから。だから新種の言葉を使ったほうが，この人には通じるだろうと思って」。つまり，Aは自らの「もう嫌だ」という感情を表明しながらも，それがクライエントにどのように伝わるかも考慮しつつ，言葉を選んでいるのである。「やめて」という直截的な表現を使わずに，「煙幕」という表現を用いている。ここに，自らの限界を認め，感情を表出する際にもセラピスト役割を放棄しない，Aの冷静さと，セルフ・モニタリングの働きを見ることができる。

　さらに，この言葉のタイミングという要素も転機に関与していると思われる。セラピストの中で「煙幕」というイメージができあがるまで，3週間という時間を要した。Aは，ひたすら聞き続けたこの期間こそ重要だと言う。汚言を聞き続けるということなしに，最初からこのような言葉を発したのであれば，それはクライエントに響く言葉となりえなかっただろう。「煙幕を張るの

をやめたら」という言葉は，これより早すぎても遅すぎてもいけない。まさに「飽和状態」になった，「今だ」という瞬間に発したからこそ，クライエントはAを，自身のセラピストとして認めたのである。

　「煙幕を張るのをやめたら」という言葉は，「やめたら」という言葉でクライエントを否定しつつも，肯定している。それは，"いつまでも煙幕を張っていても仕方がない"というメッセージであり，反語として，"あなたは煙幕を張らずとも，もっとまっとうな話ができるはずでしょう？"というメッセージでもあると思われる。この点でセラピストは一貫してクライエントを信頼し，クライエントを認めているのである。

煙幕を突き破る──物体としての言葉

　煙幕という言葉を用いた理由について，Aは「黒い煙が渦巻いているイメージがあった」と述べている。これまで，クライエントの汚言という"言葉そのもの"をできるだけ避けて，"言葉の向こう"を見ようとしていたAだったが，もはや言葉自体を避けることができなくなっている。汚言は「わあっと黒い煙が，わあっと渦巻いて」，セラピストを苦しめる物体のようになっている。

　ここで言葉はすでに，メッセージ性を持つ，意味内容のある記号ではなくなっている。それは，「煙幕」という一つの物体である。クライエントの言葉はもはや伝達手段としての言葉ではなく，黒々とむせ返るように渦巻く煙そのものである。Aにとってクライエントの言葉は，一つの輪郭と質量を備えてそこに存在する"もの"として捉えられている。辞書的な意味内容を持つ記号としての言葉が，Aをむせ返らせる「煙」という物体──あるいは「煙」というイメージ──に変化している。ここでAが発した言葉も，「解釈」というよりは，思わず口から出た「イメージとしての言葉」である。竹内（1988）は，「言葉は他者のからだに届き，これを撃ち，これを刺激し，他者のからだを，あるいはその行動を，変えるものである」と述べているが，クライエントの言葉が記号ではなく"もの"として捉えられたとき，Aの言葉も同様に一つの物体として存在し，煙幕を突き破ってクライエントに届いたのだと言えよう。クライエントの"言葉そのもの"をセラピストが身を挺して受けとめたか

らこそ，クライエントは「お前が俺の言葉を聞いた初めての人間だ」と言ったのである。

再び，心理療法に言葉は必要か

「『煙幕を張るのをやめたら』というのも，意識領域の言葉なんでしょうか」という筆者の問いかけに対し，「それはイメージの言葉だよね」とＡは答えている。冒頭で述べられた「心理療法に言葉など必要ない」というＡの言葉が，ここで新たな意味を帯びてくる。Ａは，3週間汚言を聞き続けているあいだ，クライエントの孤立感や怒りのようなものが伝わってきたのではないか。そうした感情に対し，「汚言」という形ではなく直に触れたいという思いが，"もうそんな話たくさん"という言葉になったと思われる。

煙幕とはまさに虚構である。クライエントがそこにある感情を直接表現せずに，汚言という迂回した言葉でわめきたてることの虚しさと限界を，「煙幕」という言葉ではっきりと伝えたのである。「言葉など必要ない」とＡが言うとき，それは，クライエントの汚言のように，実体から乖離した言葉ならば，むしろない方がいい，ということを示唆しているのではないか。言葉はえてして実体から離れ「きれいごと」になったり，逆に「汚言」になったりしがちであり，そのような言葉は信用できない。しかし，この事例の転機のきっかけとなりえたような「イメージの言葉」「本音」と表現される言葉は，冒頭で否定した「意識領域の言葉」とは一線を画すものと捉えられているようである。この事例において，セラピストが役割を超え，自身に忠実な言葉を使ったことによって，クライエントもまた，自身の感情に正直な，実体に裏打ちされた言葉を使う転機となりえたのである。

きれいはきたない，きたないはきれい

既に述べたように，Ａはインタビューの中でも，一貫してまっすぐで迫力のある言葉づかいをしている。そして，筆者が心理療法の「定石」に言及すると，「そんなきれいごとではないんだよ」と繰り返している。ここで，汚言を吐くクライエントと「きれいごとではない」と繰り返すセラピストが重なる。

Aは自らを「表現療法家」と述べた上で,「自分流の表現の仕方を自分らしく表現してくれたら,もうそれがセラピーなのだという立場です」と語っている。クライエントの汚言を聞く中で,Aは「膿を出す」作業をまず行った。しかし,聞くに耐えないほど「きたない」表現は,クライエントの「自分流の」「自分らしい」表現と乖離していると感じたのではないか。「彼自身もおそらく自分でも嫌だったと思うのよ,それ(汚言)を言うことがね」と述べるAは,クライエントの「きたなさ」の向こう側の「きれいさ」に思いを馳せている。シェイクスピアの「きれいはきたない,きたないはきれい」を持ち出すまでもないが,その二面性と二重性を熟知しているセラピストだからこそ,クライエントを動かしえたのではないか。「きれいごと」で済ませようというセラピストであれば,このクライエントはどんな言葉を使っても決して心を開かなかっただろうと思われる。

　Aはその著書で,「治療者自身の,個人的な問題,とくに,ユングの説くところの,『影』(中略)を考慮しないで,『こころ』の関係をもつことは,大変に危険なことなのである」,「実はみんなが(神経症児のもつ)こうした要素を自分の中の『影』として含んでいる」と述べており,「正常者」とされる人,ひいてはセラピスト自らの中に潜む「影」の存在について非常に意識的である。いわば,「きれいはきたない」の側面を厳しいまなざしで見つめている。同様に,「異常」とされる人の「きたないはきれい」を見抜いている。正常も異常も,きれいもきたないも,いわば表裏一体であり,互いに反転しうるものではないか,といった臨床観が,この事例に大きな転機をもたらしたと思われる。

Ⅳ　インタビューを終えて

「言葉」という防衛――セラピスト自身を守るもの

　われわれセラピストは,クライエントの語りを通して,人生の影の側面や世の中の醜い部分に立ち会うことになる。できれば見ずに済ませたいもの,直視せずに通り過ぎたいもの,目を背けたいものをまざまざと見せつけられる。

　「汚言」というのは,その中でも闇を凝縮したものと言えるだろう。汚言症

のクライエントに出会ったことはないが，それに近しい人の担当になることはある。

　汚言を単に「言葉」としてではなく「イメージ」として受け止めることは想像するだに恐ろしい。言葉として受け止める限り安全であるが，イメージは直にセラピストを脅かす。それは，言葉によって守られていたしかるべき「距離」が失われるからである。距離とはすなわち，セラピストとクライエントとの距離であり，セラピストと自らの感情との距離である。

　心理療法の中で自らの中に不如意な感情が沸き上がったとき，それをどのように扱うか，非常に難しい問題と感じる。未分化な感情や原始的な恐怖をクライエントの所与として取り扱っていたつもりが，実はセラピスト自らの中にもあると認めねばならなくなるのである。そうした局面において，筆者はなおさら「言葉」の世界にしがみつこうとする傾向がある。「逆転移」といった専門用語で片付けることで，セラピストらしい自分を保つのである。これは一見，クライエントを守っているようで，その実，セラピストの防衛にすぎないのではないか。イメージにまみれることなく無傷で済ませよう，「きれいごと」で済ませようというセラピストの「不遜さ」である。

　この事例を聞いたとき，筆者は「言葉」の世界にとどまって，間接的にクライエントに関わっているのだと感じた。一方，Ａは言葉以前の世界で，直にクライエントと勝負している。

　言葉以前の世界とはいわば，無意識の世界である。そこに言葉を与えた途端，「きれい」に整理されるように見えるが，拾いきれない部分が切り捨てられる。未分化なもの，原始的なものに対して，安易に名づけたり，片付けたりすることにわれわれは慎重になるべきだと痛感した。

第6章
セラピストBについての分析

「クライエントさんの中の健康な部分が，
　　　　　　　ぱっと開く瞬間なのかな」
　　　　　　　　　　　　　　——梅津　和子

セラピスト B について——本人による自己紹介

　精神保健福祉士。臨床経験25年。精神科病院の心理士，精神保健行政等を経て開業。町医者ならぬ町心理をめざす。オフィスではフリースクールとカウンセリング，オフィス外では職域や地域でのメンタルヘルスなどの研修，障がい者支援施設の手伝いなど「必要とされることは何でもします！」で，多忙ならぬ多動な日々を過ごしている。学生時代に身につけた（身につけようとした？）ユングの考え方が日々の臨床の通奏低音として流れていることを，最近とみに感じている。

セラピスト B と筆者——筆者による紹介

　筆者の原点。自我も確立されていなければ物事の基準も曖昧な十代の筆者に，「心理学」という世界を見るフレームと物差しを与えてくれた。当時英文学を専攻していた筆者の人生は，先生との出会いをきっかけに，心理学のフィールドへ大きく舵を切ることになる。先生の臨床の「癖」のようなものは，インプリンティングさながら，筆者の奥に無意識に取り込まれてしまっており，どこまでが自分のものでどこからが先生のものなのか判別が難しいのだが，今回インタビューの分析を経て，少し線引きできた気がする。

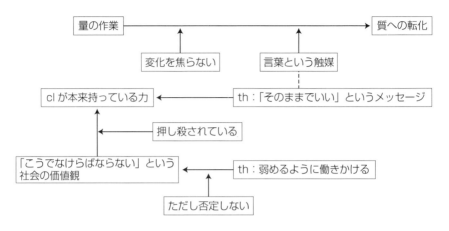

図6-1　セラピストBのダイアグラム

I　インタビュー分析

　セラピストB（以下B）のダイアグラムは，図6-1のようになった。まず，Bの臨床姿勢と，臨床における言葉に対する考え方について，ダイアグラムに基づきつつ説明する。

社会的価値観による抑圧
　Bは，クライエントというのは本来，回復する力を持っており，セラピストはその力がうまく発揮できるように手伝うにすぎないと述べている。

> B：やっぱり「こうでなければいけない」と世の中で言われていること，たとえば日本人だったら，「何が何でも努力をしろ」とか，「がんばれ」とか，まだずっと言われ続けてきていることがあり

> ますよね．特に最近は，企業の中でのうつ防止とか，自殺防止について話しに行ったときに，やっぱり「がんばりすぎなくてもいいんだ」と思えたという反響をもらうことが多い．「休んでもいいんだ」というのは，人間の根底にあるものなんだけど，それが社会的な状況で押し殺されていたのが，「いや，そうじゃなくていいんですよ」と言うことで，「すごくほっとした」とか，「それで楽になった」とか，「あ，自分はこうやっていったらいいんだと解った」と言われることがあるんです．つまり，いわゆる社会で与えられた価値観をいかに，「そうじゃないよ」と消すかという体験があるんですよね．
> 　（中略）世の中はこうでなければいけないという価値観の中で，その人の持っている健康な部分が抑えられていたとしたら，「いや，そういう価値観を考えなくていいよ」と言っただけで，その人が持っている健康さというのが当然出てきますよね．

　クライエントが生来持っている「健康な部分」を，〈クライエントが本来持っている力〉という概念とした．しかし，多くのクライエントが，成長過程で植えつけられた家族の価値観や社会・文化の価値観によって，〈本来の力〉が抑え込まれ，うまく発揮できずにもがいている．こうした価値観は，外からの力として桎梏になることもあれば，クライエントの中に超自我的に内在化され，自身を縛ることもあるだろう．Bの言葉では，「……として生きねばならない」「世の中はこうあるべき」「自分はこうあらねばならない」といった，"have to"（べき／ねばならない）[1] という表現が用いられていることから，こうした価値観を〈「こうでなければならない」という社会の価値観〉という概念としてまとめた．〈クライエントが本来持っている力〉が〈社会の価値観〉

---

1)「そうすべきであるという社会的なルールや権威，慣習によって規定されている」（『ロングマン現代英英辞典』）という点では，"be supposed to" のニュアンスの方が強いかもしれない．

によって〈押し殺されている〉というのが，クライエントの陥っている状況である。外部からの，あるいは内在化されたさまざまな他者の声に支配され，とらわれ，身動きがとれなくなっている状況と言えよう。

> B：「こうでなければならない」と言われていることについて，そういった価値観というのは社会がつくったものだというのが少しわかったときに，その人が，すーっと楽になって，ある意味，転機になる体験になる。

　セラピストは，外圧としての（あるいは内在化された）価値観に対しては，それがクライエントが本来持っている性質のものではなく，あくまで後天的に家庭や社会の環境の中で作られたものであることを指摘し，クライエントの"have to"を和らげそこから自由になるように働きかける。

「今のままでいいですよ」

　一方，クライエントの本来の力に対しては，そこに焦点を当てて心理療法を行うことで，クライエントが自身のポテンシャリティに気づき，うまく顕在化できるよう働きかける。いわば，エンパワメントのような治療法である。これについて，Bは以下のように述べている。

> B：これはもう治療の基本であるけど，「こうしたらいいよ，ああしたらいいよ」と言うんじゃなくて，「とりあえず今のままでいいですよ」，「とりあえずあなたがオーケーですよ」とずっと言い続けたら，ぽっと変わりますよね。
> Q：ほんとうですね。何か，『北風と太陽』のエピソードを思い出すんですけど。

B：そうそう。
　　Q：服を脱がせようと思って，北風をどんどん当てて風を吹かせたら，逆に必死で離すまいとするけども，暖かくしたら，自然に脱ぐ，といった感じですね。
　　B：絶対にその人はその力を持っているわけだから，その力の部分に焦点を当ててあげればいいわけです。だから，治療の転機というのは，何かが変わるというんじゃなくて，クライエントさんの中の健康な部分が，ぱっと開く瞬間なのかなと思う。

　逆説的だが，治療的な変化とは，クライエントが「そのままでいられるようになる」ことによって，本来の力が発揮できるようになることだと言えよう。クライエントの持つ自己治癒力を尊重するBの姿勢が見受けられる。

　　B：クライエントの中に新しいものが入っていくんじゃなくて，あくまでその人の。
　　Q：もともとあった。
　　B：あったものが出てくる。でないと，外から入ってきたものだったら，それはまたすぐつぶれてしまうよね。
　　Q：そうですね。なるほど。
　　　（中略）
　　B：だから，転機をきっかけにがんばれますとか，何か方向性が変わりましたというイメージが，私の中にあまりないのね。
　　Q：「このままでいいんだ」みたいな感じなのかな。
　　B：そうそう。本人が力を取り戻した，というイメージです。

　Bによれば，仮にクライエントがセラピストの考えを取り込んで一時的に

変化したとしても、それはやはり「外から入ってきたもの」にすぎないため、「すぐにつぶれる」と言う。転機とはあくまで内側から「力を取り戻す」ものだと言えよう。

> B：相手に変わってもらおうとか、相手を変えようとかいうのを、私はカウンセリングで考えてはいないような気がする。
> Q：あまり変化を期待してはいけないということでしょうか。
> B：うん、期待してはいけないというか、自分との関わりを通して変化するというのではなくて、人間は変化していくのが当たり前なので、その人が変化していくという前提で、カウンセリングで何とかしましょうみたいな。でも、あんまりそれも思わない方がいいよね。

そもそも心理療法において、クライエントを変えようとしないとBは主張する。「今のままでいい」というメッセージによって、クライエントはおのずと変化していく。つまり、「今のままでいい」とは現状を固定化する意味ではなく、「今」を変化への通過点として捉えようする姿勢と思われる。変化を起こす主体はセラピストではなくあくまでクライエントである。セラピストが変化を急ぐと、それはクライエントにとって、新たな「外圧」となるだけで、かえって非治療的であると言えよう。よってここから〈変化を焦らない〉という概念が抽出された。

> B：絶対大切なのは、価値観を変えるときに、前の価値観を否定しないような言い方だよね。
> Q：それが重要なんですね。
> B：うん。だと思う。だから、前の価値観を否定せずに、新しい価値

観が提示できたら，たぶん入りやすいんだろうね。あ，今気づいた。
Q：ああ，でも，ほんとうにそうかもしれないですね。前の価値観を否定されたら，何かしら拒絶反応が出ると思いませんか。
B：うん，うん。
Q：「そうじゃないんです」とか，「先生はわかっていない」となっちゃいますよね。
B：そうそう。「そうじゃなくて，前のものが悪いんじゃなくて」と，一所懸命説明しないといけなくなりますね。だから，それを避けるような言葉。
　「こうしたらいいですよ」と言うというのは，よく話をするときに使う表現だけど，こうしたらいいですよと言われると「じゃあ，私の今までのやり方が悪かったのね」と受け取られがちですよね。（中略）説得とか説教というのは，やっぱり否定につながるよね。

　〈「こうでなければならない」という社会の価値観〉に対しセラピストは〈弱めるように働きかける〉のだが，その際注意すべきことは，その価値観を〈否定しない〉ことである。もとをたどれば社会から押しつけられた価値観も，クライエントの中に内在化され，クライエントの一部になっていることが多い。クライエントは，長い間，その影響を受けつつ，それとともに生きている。たとえそれが，クライエントの本来の力を阻むものであっても，生きていくためにその価値観を取り込まざるをえない必然性のようなものがある。セラピストはクライエントのこれまでの"そうせざるをえなさ"を理解し，それを簡単に否定しないようにすることが重要だという。安易な提案や説得は，クライエントのこれまでの生き方を否定することにつながる。クライエントの"have to"に対しては，あくまでそれを否定せずに，少しずつ弱めていくことが求められる。よってダイアグラムでは，〈価値観〉を〈弱める〉というベクトルの介在

条件として〈ただし否定しない〉という概念を設けた。言葉がクライエントに入っていく条件として，この〈否定しない〉ということがポイントだとBは強調している。

量から質への転化

言葉によって治療に転機が生じる仕組みについて，Bはエンゲルスの「量から質への転化」という概念を引用している。

> B：エンゲルスが量から質への転化[2]ということを言ってるんですがね。
> Q：それは，どういったものですか。
> B：同じことを何回も何回も，何回も何回もやっていて，ある日突然ふっとそれが何か違うものに変わっていく。
> Q：それが量から質への転化なんですか。
> B：うんうん。たとえばよく，「あの一言で自分は変わりました」とかというのは，あくまでそれの積み重ねがあって，最後の一滴みたいなもので，一言で何かがすっと変わるということは，そんなに滅多にありえないことですよね。
> Q：そうですね。そう思います。
> B：そのいわゆる「量」というのは，たとえば面接に来られた人で，自分の中でずっと考えて考えて，量の作業をそこでやってこられ

---

[2]「量から質への転化」とは，ヘーゲルの弁証法を後にエンゲルスが発展させたものである。ヘーゲル（1812）は水が液体から個体へ，あるいは気体へ変化する現象について「温度変化という漸進的にすぎない進行がこれらの点で突然に中断され阻止されるのであって，他の状態が出現するのは飛躍による」と論じた。ここから着想を得て，エンゲルス（1879）は「質的諸変化が，個々の場合ごとにそれぞれ正確に確定している或るしかたで，ただ物質または運動（いわゆるエネルギー）の量的付加または量的除去によってだけ起こりえる」とし，これを「量から質への転化」と呼んだ。転機とはまさに，漸次的変化がある定点に達した際に起きる「飛躍」と言えよう。

> た方に対して，最後の部分をちょっとお手伝いをするような，量から質への転化というのもあるし。もう一つはカウンセリングをしていて，二人でずっと積み上げて積み上げて，お互いに「はっ，はっ，はっ」と息切れするほどになって，その関係性の中で量が積み上げられて，すっと質に転化する場合もあるし。
> Q：ああ，ほんとうにそうですね。そうか。その積み重ねがあるからこそ。
> B：最後の一滴みたいなものが生じる。
> Q：最後の一滴，そうですよね。
> B：うんうん。やっぱり変わるのは，そのクライエントさんの中でのことだから，言葉というのは触媒ですよね。だから，化学反応がきちんと起こる材料がないのに，触媒を入れてもだめだということかな。そういう気はしますね。

　クライエント自身がずっと考え悩んで〈量の作業〉をし，悩みぬいた後に，セラピストが最後の〈質への転化〉を手伝う場合もあれば，心理療法の積み重ねの中で徐々にテーマが煮詰まっていき，〈量の作業〉が極まった挙句，何かがきっかけとなって〈質への転化〉が起こる場合もある。〈質への転化〉が起きるには，それまでのプロセスとして〈量の作業〉の積み重ねが条件となると言えよう。量から質へ転化する介在条件として，「最後の一滴」とＢが述べている〈言葉という触媒〉という概念を設けた。〈触媒〉という表現には，変化するのはあくまでクライエントであり，セラピストの言葉は変化の媒介にすぎない，という考え方が如実に表れている。変化の主体はクライエントであるから，クライエントが変化する準備ができていない，いわば「化学反応が起こる材料がそろっていない」状態で，セラピストが変化を焦って言葉という触媒を投入しても，無意味である。

> Q：言葉は，どういうタイミングだとクライエントに入りやすいんでしょうか。
> B：クライエント本人が何かを欲しているときよね。
> Q：ああ，実はその言葉を欲していたということですね。
> B：うんうん。それこそ切羽詰まっていて，「何か手がかりが欲しい」と思っているときに，つかまるものがあった，という感じもあるだろうね。
> Q：逆に，本人が欲していなかったら，どうしようもないということですよね。
> B：そうそう。

　クライエントに言葉がすっと入るのは，「クライエント本人がその言葉を欲しているとき」であるとBは述べている。
　逆に，言葉が入らないのは，「セラピストが焦っているとき」と言う。

> B：うん。それとやっぱり焦らないことよね。
> Q：そう思います，ほんとうに。焦らないことなんですよね。
> B：何とか私がしてあげようと思ったら，どんどん焦っていくので。
> （中略）
> Q：確かに，セラピストが焦っていると，クライエントに言葉が入りにくいですね。
> B：クライエント本人の準備ができていないのに，こっちが先に入れよう，入れようとする。それも焦り。

　ここにも先述の〈変化を焦らない〉という概念を見ることができる。よっ

てこれを，〈質への変化〉の介在条件として位置づけた。クライエントが変化するまで機が熟していないときに，セラピストが変化を焦ってもうまくいかない。クライエントが量の作業を十分に行った上で「何か手がかりが欲しい」と思っているときに，クライエントの欲する的を射た言葉がくれば，それが触媒となって〈質への転化〉は起こりうるのである。クライエントの主体性を重視し，クライエント自身が変わる力を持っていると考える，Ｂの臨床観が根底にあると考えられる。

II 事例分析

以上，ダイアグラムの説明を述べた。次に，これらの概念に基づき，Ｂの挙げた事例について分析する。

【事例　40代　女性　退行したIPの母親】

Ｂ：高校生の女の子の，お母さんの事例です。子どもさんが高校生で，中学生の高校受験の勉強の頃から調子が悪くなった。まあ，もともと力があるので，公立高校のそこそこいいところに入学はしたんだけれども，やっぱりそのあと暴れたりとか，退行したりとかしてしまって。学校にも行かなくなって，とうとう１年生の終わりで退学をして，今度は通信制の高校に移ったんです。

娘さんは娘さんで他のクリニックにかかって，薬も飲んだりしていたんだけど，なかなか思わしくなくてね。そのご両親が「自分がどう娘に接していったらいいか」というご相談で，その娘さんがかかっているクリニックのドクターからの紹介で来られて，今カウンセリング３回目なんです。

とにかく，まず，今16歳の子が，もう夜中に大声を出してわめいたりとか，あるいは外出したお母さんに頻繁に電話して，「ママ，ママ，帰ってきて」と言ったりとか，そういう状況が

日々続いていて，お母さんもへとへとになっておられるケースだったんだけどね。

　話を聞いていて，とりあえず，とりあえずね，全体的な病理とか，そういうのをとりあえず置いておいて，まずお母さんの大変な状態を脱してもらうのにどうしようかなと考えたときに，要するに，退行している子どもを16歳と思って接しているから辛いんだなと思った。それでまずは，その子を赤ん坊だと思ってくれと言ったの。もともと手のかからない子で，3人きょうだいの真ん中で，あんまり世話されてなかったんだけど。とりあえず「今，赤ん坊だと思ってくれ。夜中にわあわあ言うのは，これは夜泣きだ」と伝えたの。

Q：うーん。

B：「はっ」とお母さんが言った。「あ，そうか，赤ん坊が夜泣きをしていると思えば，ああ，全然やっぱり違います」って。16歳の子がわあわあ言っていると思うと，この子は変になるんじゃないか，この子はおかしいんじゃないかというふうに，そういう解釈をしてどんどん不安が大きくなってしまっていた。特に今はいろんな情報が氾濫しているから，統合失調症じゃないかとか，ボーダーラインケースじゃないかとか，そういうことでもう，ご両親がこの子の病理を勝手につくり上げていたの。

　ドクターは，そういう大混乱を第三者の前では絶対に見せないので大丈夫と言われていた。

Q：そこはちゃんと使い分けていらっしゃるんですね。

B：そうそう。今，通信制の学校にも行って，そこではちゃんとしているし。となると当然，家の中でのみ，ということだから，これはもうほんとうに赤ん坊の夜泣きというふうに思いましょうということ。

　ただ，お母さんもそう考えても，1歳ぐらいの子がぎゃあぎゃあ泣くのと，16歳の子があの迫力で泣くのはずいぶん違うので，どうしようかと困っていた。私も，ああ，どうしようかなと思っ

たけど,「とりあえずお母さんも一緒に泣きわめいたらどうですか」と言っちゃったんです。すると何か,お母さんが,どこでどうかみ合ったからわからないんだけど,目がきらんとなって,「ああ,わかりました」と帰って行かれたの。

Q：一緒に泣くんですか。

B：うん。お母さんも泣きたかったんだろうなと思って。

Q：そうでしょうね。そうか。

B：そのあと1週間後にカウンセリングにいらしたときに,泣きましたかと聞いたら,「いや,泣いていないけど,何かすごく違う」とおっしゃった。私も,「一緒に泣いたら」というのがどこでどうかみ合ったかというのは,まだ解釈しきれないんだけど,お母さんの目が一瞬きらんとなった,あの感じ。

Q：お母さんとしてはそれまで「いかに抑えるか」という,抑える側にいたのが,「自分を出してもいいんだ」という感じですかね。

B：うんうん。お母さんも,親としてがんばらなくちゃいけないわけじゃなくて,泣きたいわよね,といった感じ。

Q：なるほど。

B：まずは起こっていることについて,こういうふうに考えたらどうですか,と伝えたら,「安心しました,ほっとしました」ということが起こった。

Q：それは相手がおっしゃったんですか。

B：うん,次に来られたときにお母さんが,「それでずいぶん落ち着いて,安心して対応できるようになった」とおっしゃっていました。

基準をシフトする

　退行したIPに手を焼く母親クライエントの事例である。夜中にわめいたり,外出先の母親を呼び出すなど物理的な困難さに加え,16歳のIPが精神的におかしくなったのではないかという不安に圧倒されていた。そこでセラピストが

発した言葉は,「とりあえず今は赤ん坊だと思ってくれ。夜中にわあわあ言うのが,これは夜泣きだ」というものだった。

IPはもともと手がかからない子だったという。Bは,この言葉を発した理由について,以下のように述べている。

> B：そのときに,私がその言葉にたどり着いたというのは,「高校生なのに」とか,「小さいころはいい子だったのに」とか,今の年齢ということでの基準がご両親のなかにすごく入っているということを感じたから,たぶんその言葉が出たんだろうなと思う。
> Q：ああ,なるほど。
> B：もうほんとうにいい子で成績もよかったのに,その子ががたがたと,ちょっと落ちてしまうことがありますね。それでも親がその子を見る基準は,よい子でがんばっていた頃の基準のところに視点があるから。その子はいくら手がかからなかったとはいえ,子どもの頃にやり残してきたことがある。そのやり残してきたことがあるというところに,すっと,視点を変えるということなのかな。

母親の中に「いい子」として育ってきたIPの像があり,さらに,一般的に「高校生とはこうあるべき」という姿があり,それらを基準に考えているため,IPの豹変ぶりに戸惑ってしまった。その基準を,「この子は今,16歳ではなく赤ん坊なんだ」とシフトすることで,母親の視点に変化が起こった。ダイアグラムに従ってIPの状況を説明すると,IPはこれまで「赤ん坊」のような自由さ,身勝手さを抑圧し「いい子」として生きてきた。ところが16歳になって,抑え込んでいたものが一気に噴出してしまったと思われる。そのときセラピストは,IPの状態を沈静化し元に戻すことより,むしろその退行を積極的に認め,「赤ん坊」として扱うように母親に助言している。これは,"年相応であら

ねばならない"という社会的な価値観をいったん括弧に入れて，さしあたって"16歳の赤ん坊"でいいではないか，という〈そのままでいいというメッセージ〉と言えよう。このメッセージによって，母親は，IPの状況を受け入れることができたと推測される。表面的な事象の向こうにある，わが子の内実を知ったことで，IPが幼少期「やり残してきたこと」を，自分も再度立ち返ってやり直そうという覚悟が生まれたのかもしれない。

> Q：「赤ちゃん」というのは，基準が変わる感じですよね。
> B：お母さんが子どもへの愛情をどう出していいかということ。
> Q：ああ，愛情か。

　母親に焦点をあてた場合の〈クライエントが本来持っている力〉は，子どもに対する「愛情」と言えよう。しかし，クライエントは退行したIPに対し，それをどう表現したらいいのかわからず悩んでいた。しかし，16歳のIPでも「赤ん坊」のように扱っていいのだと言われたことで，"世間体"や"年相応であらねばならない"という価値観によって抑えられていた子どもへの愛情が解放され，一つの転機が生じたと言えよう。
　さらにBは，母親の大変さに思いを馳せ，IPが夜泣きしたときには「お母さんも一緒に泣いたらどうですか」と助言している。ここでクライエントは，"母親らしくあらねばならない"という気負いが抜け，母親でも泣きたい気持ちをそのまま出していい，と思うことができたと推測される。
　この事例において，セラピストは一貫してクライエントやIPの〈本来持っている力〉を信頼し続けている。そして，その力を抑圧してきた〈価値観〉に対しては，決して否定的ではない表現によって和らげるよう働きかけ，クライエントが本来の力を取り戻すよう促している。

III インタビューと事例の解釈

社会的産物としての病

　Bの語りには「社会」「世の中」という表現が多く見られた。「社会的な状況で押し殺されている」、「世の中はこうでなければいけないという価値観」といった語りである。クライエントの抱える問題の背後に、社会的な力が想定されている。一見個人的な症状に見えるものが、実は社会的な制約や社会的な価値観によって形成され、影響を受けているという考え方である。極論を言えば、病は社会の産物であるのかもしれない。

　こうした考え方は、社会構成主義のそれと重なるように思われる。社会構成主義とは、さまざまな価値観や意味づけは社会的に構成されたものと捉える立場である（野口，2002；能智，2011）。ナラティヴ・セラピーでは、"立身出世"や"男らしさ／女らしさ"など、社会的に規定された物語を"支配的な物語（ドミナント・ストーリー）"として、個人の責任に還元させずに、"外在化"することを重視している。このような立場は、Bの、「こうでなければならないという……価値観というのは非常に社会がつくったものだ」「社会で与えられた価値観を……そうじゃないよと消す」という語りと密接に関わっているように思われる。

　"外在化"とは、問題を自分の外に置くことで、客観化・対象化して取り扱いやすくする技法である（平木，2010）。Bは、クライエントの内部にある問題について、「社会で与えられた価値観」「世の中での価値観」といった言葉でいったん外に取り出すことで、クライエントと問題とのあいだにしかるべき距離を生じさせているようである。

　「社会」の中でクライエントは、いわゆる弱者やマイノリティとして位置づけられやすい。しかし、Bの姿勢からは権威に対する敏感さと、"弱い"立場の人々への温かいまなざしが感じられた。こうした臨床観を踏まえた上で、事例について解釈を試みる。

「とりあえず」の仮説から

　16歳の子ども（IP）が外出先の母親（クライエント）に「頻繁に」電話する、そういう状況が「日々続いて」おり、母親も「へとへと」になっている。こうした表現から、クライエントがIPの度重なる要求に疲れ、治療が行き詰っている様子がうかがえる。

　膠着状態が続き、疲れ切っているクライエントに対し、Bは「とりあえず」の提案をする。「とりあえず、とりあえずね、全体的な病理とか、そういうのをとりあえず置いておいて、まずお母さんの大変な状態を脱してもらうのにどうしようかなと考えた」と述べている。つまり、IPの「全体的な病理」に対する根本的な解決をいったん括弧に入れた上で、さしあたりの仮説、いわば対症療法から始めようという姿勢がある。切羽詰っているクライエントに対して、まず現実的な糸口を見つけ出し、そこから取りかかろうというBのスタンスが見受けられる。

　「今はいろんな情報が氾濫しているから、病理を作り上げておられて」という語りからは、"現代の情報社会の産物としての病理"という視点が垣間見える。セラピストがここで"退行"といった言葉でIPの病理を説明することもできたかもしれない。しかし、そうした専門用語でIPを説明することは、情報の氾濫の中で混乱しているクライエントに対し、新たな情報を与えるだけであり、IPに対して新たな病理のレッテルを貼ることにつながる恐れがある。

　一方、Bの「赤ん坊」「夜泣き」という言葉は、IPの状態を端的に言い表しており、しかも、そこに病的なニュアンスは含まれない。むしろ「赤ん坊の夜泣き」とはごく正常な印象を受ける。クライエントは、この言葉によって、「病的」と感じていたIPに対する視線が変化したと思われる。

　これは言い換えれば、目の前で起こっている現象そのものを変えようとするのではなく、それに対するクライエントの認知の仕方をまずは転換させようというあり方とも言えよう。現象に即した認知で捉え直すことで、"こうあるべき姿"との乖離が小さくなったと考えられる。

　16年前、IPが実際に「赤ん坊」だった頃には、クライエントは「夜泣き」に対処していたはずである。つまり、IPの行動を「赤ん坊の夜泣き」と捉え

ることは，クライエントが既に体験し，乗り越えてきたことをヒントにしてIPに対処できるということである。クライエントはその頃に立ち戻って，もう一度"育て直し"をすればいい。ここでBは，クライエントの持っている能力を見抜き，それを使うことを提示している。IPの行動はまったく見当のつかない新しい事態ではなく，既に体験した「夜泣き」であり，母親としてのリソースを活かせばいいということで，クライエントは安心したのではないかと推測される。

親子同時に退行をくぐり抜けて

　さらに，「夜泣き」をするIPに対してどう接するかというときに，「とりあえずお母さんも一緒に泣きわめいたらどうですか」と述べている。"退行"という表現こそ用いないものの，セラピストは，いわば親子が同時に"退行"することを提案している。ここで何が起きたのだろうか。まず，"親子"という構造，"親が子を世話する"という構造がいったん，無効になっていると考えられる。母親はその役割を降りることで，IPが「手のかからない子ども」という役割を降りたことに対しても寛容になれる可能性がある。さらに，母親が自らも「子ども」に返り，IPの退行を追体験することで，IPの気持ちが自然に理解できるという可能性もあるだろう。渡辺（2008）は子育てに悩む母親の支援について「母親は弱音や愚痴をはいていい。母親が泣きたい，訴えたい，怒りたい気持ちを安心して出しきり，新鮮な自然体に戻ろう」と述べているが，Bの技法と重なるものである。

　「お母さんも一緒に泣きわめいたらどうですか」という言葉の背後には，"お母さんこそ，泣きたかったでしょう，泣いても構わないんですよ"といった労(ねぎら)いのメッセージがあると思われる。IPだけでなく，"IPもお母さんもひっくるめて，私がお引き受けしますよ"というメッセージに，クライエントはほっとしたのではないかと思われる。ここでセラピストが"器"として機能することで，クライエントは安心して"退行"を受け入れられたのではないか。家族全体に対する親役割を，セラピストがいったん引き受けて，家族の成員が自由に振る舞える"場"を提供している。

クライエントは「(実際には) 泣いていないけど，何かすごく違う」と述べているが，ここでセラピストの提案をそのまま実行していない点が興味深い。セラピストの「泣きわめいたら」という助言をそのまま実行するのでは，いわゆるアクティングアウト (行動化) になってしまう。現実レベルではなく，象徴的なレベルで「泣く」という作業を行っている。セラピストが"器"として機能していたからこそ，象徴レベルにとどめておくことができたのだろう。「ずいぶん落ち着いて，安心して対応できるようになった」と述べているクライエントは"母親らしさ"を取り戻しているように思われる。つまり，元々こだわっていた母親イメージをいったん手放し，イメージの中での"退行"をくぐり抜けて，もう一度母親という役割に立ち返ったとき，これまでとは違った意味での新しい"母親らしさ"を獲得したと思われる。

　クライエントが社会的価値観の中でがんじがらめになっているとき，セラピストはいったん「社会」の枠組みの外に身を置いて言葉を発している。社会の価値観にとらわれない存在としてクライエントに接することで，クライエントもまた，その価値観から自由になることができ，一つの転機が生じたと推測される。

介入的ではない介入──新たな「社会」とならぬように

　この事例では，親子という二者関係にセラピストという第三者が介入し，表面上は三者関係になっている。しかし，Bの介入の仕方は，親子の間に割って入るような侵入的なものではない。母子関係が元通り機能するように，Bは黒子のような役割を果たしており，"器"となって両者を包み込んでいる。親子，あるいは家族，という既成のシステムにセラピストが介入するとき，えてして"外部"からの脅威になりやすい。家族は，それが健全な形であれ病的な形であれ，絶妙なバランスをとって成立しているため，外部からの刺激に敏感である。仮にクライエントに肩入れしすぎたり，IPである娘に強い共感を示すならば，親子の対立をより強固なものにしてしまうだろう。

　Bはしかし，家族の"内部"に対立を生じさせていない。その代わり，家族の"外部"に，「社会」という匿名の他者を想定しているように思われる。"親

が子を世話する"という構造や，"母親らしさ"／"16歳らしさ"といった価値観は，いわば社会の中で構築されたものである。Bはそうした社会的枠組みをいったん解体し，新しい視点を提供してリフレーミング[3]が起こるようを促している。

　クライエントの問題の背後に社会的な力を想定し，クライエントの「本来の力」を取り戻すことを強調する，Bの語りを今一度思い起こしたい。神田橋(1990) は「病」について以下のように述べている。

　　病とは，「いのち」が馴染めないものや状況を排除し本来の己のありようを復活しようと奮闘している姿である。(中略) たとえば，生育史の道程で「植えつけ」られた，習性や価値観は，もともと外部から侵入したものである。だが，その生体の資源が許容しえて馴染めているあいだは，内部のものである。許容域値を越え馴染めなくなると，排除さるべき異物扱いされるようになる。それとともに，もともと「植えつけ」られたものだ，という歴史上の起源がクローズアップされてくる。進学競争の中途で挫折した子どもたちが示す，さまざまな「病」の経緯は，その典型である。

　Bはいわば，クライエントの「いのち」の声に耳を傾けようとしており，外部からの「植えつけ」について敏感であると思われる。それが「社会」という言葉に集約されている。「社会」はしかし，さまざまな形をなして現れる。セラピストの言葉すら，ひとつの社会——あるいは権力——になりうるということに，Bは意識的である。

　病理の部分ではなく，健康的な部分に光を当てられることで，家族は本来の力を取り戻しているが，このとき，病理は"社会的に作られたもの"として外在化されている。外在化された「社会」が，再び家族に影を落とすこともあるだろう。外在化は一時的なものであって，いずれは"引き受ける"作業を行う必要性があるからである。いわばブーメランのように，いったん取り出した後には，もう一度引き受けるという作業が待っている。再び引き受け直すときに

---

3) 意味を規定する既存の枠組みに対して，別の枠組みを提供し，結果として意味全体を変えること (菅村，2008)。

はしかし，社会的な価値観や制約は，クライエントの前に違った形として立ち現れ，もはや脅威ではないかもしれない。この事例において，退行をくぐり抜けて新たな"母親らしさ"を獲得していったように，問題を外在化して自由になっているあいだに，クライエントはそれを引き受けるだけの力を蓄えている可能性が高いからである。ここに，Bの巧みな技法を見ることができるだろう。

IV　インタビューを終えて

個人の治癒と社会への適応との狭間で

「こうでなければならないという社会の価値観」についてBは「消していく」ことを示唆している。このことは，生来のクライエントの力を発揮する上で，重要な観点と思われる。同時に，人間が社会的生き物であることを考えたとき，その難しさに思いを馳せずにいられない。

たとえば会社という組織の中で，常に周囲に合わせ，自分を押し殺して生きてきたクライエントが，しばしばうつになり，精神科の扉を叩く。心理療法の中で，徐々に組織の理不尽さに対する怒りや，自身の不全感が表出され，それと併行して，表情が生き生きとなり，症状も改善していく。やっと人間らしさを取り戻してきた，自分らしさを思い出した，といった語りがしばしば見られる。しかし，いざ復職という段になると，今度は治療の場と社会という場とのギャップに苦しむことが少なくない。「ここは温室だった，一歩外に出れば，そこは殺伐とした社会だ」と肩を落とすのである。こうした局面に遭遇するたび，「個人としての治癒と，社会への適応は必ずしも合致しない」という厳しい現実を突きつけられる。

治療は一時的な通過点に過ぎない。クライエントが，治療を通り抜けて，再び社会へと戻っていくことを考えたとき，「社会」を外在化したままでは，また同じ壁にぶつかってしまうことになるのではないか。しかし，Bの心理療法では，いったん外在化させたものを，その後クライエントがすんなり「引き受ける」という現象が見られた。逆説的だが，問題と距離を置いて客観的に眺めるという作業によって，かえって問題を引き受けやすくなっているのである。

われわれはさまざまな制約の中で生きている。「こうでなければならない」という社会の価値観とある程度つき合って，折り合いをつけていく必要性がある。このとき，問題を対象化し少し離れて見つめ直すことで，「本来の力」とともに「折り合いをつける力」も取り戻すのだと感じられた。

第7章
セラピストCについての分析

「人間は，言葉を使って触れ合っているわけね」

――濱野　清志

セラピストCについて――本人による自己紹介

　臨床心理士。臨床経験26年。ユング派の心理療法の考え方を出発点に，全体的存在としての人を捉え，支援する自分なりのスタイルを日々の心理療法のいとなみのなかに見出そうとしている。内的世界と外的世界の二分法で語られる以前の個人のあり方に，気，身体，イメージをキーワードとして接近し，個人がその環境や風土のなかに生きる道を模索する。気功の実践を通じて，一人ひとりの一人称的世界をそれぞれに大切にすることの重要性にあらためて気づき，いまの自分にできることを大切にするプラグマティズムの思想を臨床の姿勢としている。

セラピストCと筆者――筆者による紹介

　言葉でものごとを片付けようとする筆者に，「身体」という視点を与えてくれた先生。白髪混じりのロングヘアを後ろで一つに束ねて，悠然と教壇に立つお姿を見て，浮世離れした仙人のような方だなあというのが第一印象だった。実際，俗世間から少し離れたところで，「自然」を体現されているように思われる。また，身体感覚を重視する先生は，ご自身のテリトリーというものを大切にされている気がする。そのためか，優しくて気さくな先生なのに，筆者にとってはどこか畏れ多い存在である。

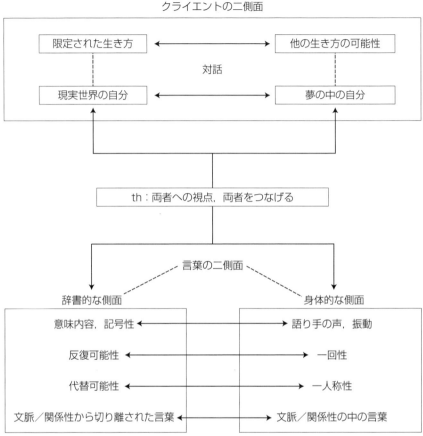

図7-1　セラピストCのダイアグラム

I　インタビュー分析

　セラピストC（以下C）のダイアグラムは，図7-1のようになった。まず，Cの臨床姿勢と，臨床における言葉に対する考え方について，ダイアグラムに基づきつつ説明する。

身体の延長としての言葉

Cは，心理療法における言葉について以下のように述べている。

> C：言葉とその語り手がつながっているとか，今，そのときの，この瞬間でしかない言葉みたいなものを考えると，「言葉」と言っても，そこにnon verbal（ノンヴァーバル）とverbal（ヴァーバル）という違いはそんなにない。と言うか，その言葉のnon verbalな側面を言っているわけでしょう。
>
> Q：ああ，私の今の研究ですか。
>
> C：つまり，辞書的な言葉じゃなくて，人が話す言葉ということに焦点を当てていくと，それは，その言葉の音が持っている記号性とか，何かメッセージの内容とか，指示対象ということじゃなくて，それを語っている，その人の声の延長でしょう。この振動が出ているだけのことでしょう。つまり，身体の延長なわけでしょう。それはきわめてnon verbalな現象なわけ。言葉って。
>
> Q：ああ，そうか。だって，意味内容じゃないですもんね。
>
> C：何かこう，鳥がさえずり合っているようなものでね。ただ，人間はそこに意味も付与しているから，それで考えて調整していく面は当然一番大きいけれど，でも，それが伝わっていったり，何かこう動いていったりするときは，それ以前のnon verbalなものを含めている。
>
> 　言葉というのを単純に，言葉だからverbalで，言葉を使わないからnon verbalというのではなくて，言葉を使うことのなかに，いわゆるverbalと言われる側面と，もっと幅広くnon verbalな側面とが，当然重なっているわけでしょう。

通常は，verbal＝言葉の，non verbal＝言葉を用いない（『大英和辞典』）

という意味だが，言葉の中にも non verbal 的な部分があるという。つまり C は，言葉の中に verbal な側面と non verbal な側面の両方が含まれていると考えている。前者は「辞書的な言葉」に代表される静的なものであり，後者は「身体の延長」としての動的な言葉である。よって筆者は〈言葉の二側面〉という概念を設け，その中に〈辞書的な側面〉と〈身体的な側面〉の二つの下位概念を設けた。

〈辞書的な側面〉には〈意味内容，記号性〉といった概念が含まれる。これに対し〈身体的な側面〉には〈語り手の声や振動〉といった概念が含まれる。「鳥がさえずり合っているようなものでね」と C が述べているように，後者は，意味が付与される以前の言葉の pre verbal な側面や vocal な側面 (Sullivan, 1954) も含むものと思われる。

言葉の一回性と一人称性――関係性の中で

> C：辞書の言葉というのは，繰り返しと言うか，ずっと残っていくけれども，そこに生きた人間がかかわったら，そこで言葉が生きるのは一回限りということね。
> Q：そうなんですよね。
> C：それを，身体という側面から言えば身体の議論としても使える。でも，身体論も，もう一方ではきわめて客観的対象化された身体の身体論だったけど，これも言葉の「言葉」だけを残すような話と同じで，臓器移植というのは結局そうでしょう。
> Q：そうですよね。交換可能。
> C：交換できると。
> Q：代替かな。そうですよね。
> C：身体のそういう側面，言葉のそういった側面，一回性と言うかね。
> Q：身体の一回性って，ちょっとぴんとこないんですけど。
> C：同じ身体を持っていても，自分の身体というのは，これは一つしかないし，一回限りのものでしょう。だから，一人称の身体とか

> いう言い方もするけど，私の身体ということを考えると，それは
> もう一回しかない。

　ここでCは，身体論を引き合いに出しつつ，言葉について説明している。臓器移植できる身体というのは交換できるものであり，「客観的対象化」された身体である。これは言葉についても同じことが言える。言葉の辞書的な部分だけを切り離すと，それは臓器のように反復可能，代替可能なものとなり，語り手を離れて，誰が言っても同じ言葉，いわば「記号」となってしまう。以上から言葉の辞書的な側面の中に〈反復可能性〉と〈代替可能性〉という概念をつくった。これに対し，「私の身体」というとき，それは反復不可能，代替不可能であり，この世に一つしかない，一回限りのものとなる。つまりその言葉を，「私」という語り手が，そのとき，その場で，目の前の相手に話してはじめて意味を持つという，〈一回性〉〈一人称性〉を伴ったものとなる。
　Cは言葉の〈辞書的な側面〉にばかり比重を置くことに警鐘を鳴らし，以下のように述べている。

> C：言葉が，それこそさっきの，辞書的な言葉に転化していくと，一人歩きしていって，このときの感触が弱いと，言葉だけが動くからね。
> Q：ああ，なるほど。頭でっかちになっちゃいますよね。
> C：頭でっかちになると言うかね。だから，この相手が消えていって，言葉だけが残ると，一人歩きするでしょう。
> 　言葉だけが残るんじゃなくて，あのときに，あの人に，ああいうふうに言われたんだというふうに，その体験として言葉が残っていると，それは言葉が生きてくるんだけど，関係の中で。

　語られた文脈から言葉だけが切り離されて一人歩きすると，言葉は生きてこ

ない。この語りから,〈文脈／関係性から切り離された言葉〉という概念を設け〈辞書的な側面〉に含め,これに対し,〈文脈／関係性の中の言葉〉という概念を設け〈身体的な側面〉に含めた。話し言葉は,語り手との関係性や場の文脈に支えられてはじめて意味を持つものである。

言葉の感触

> C：言葉というのは,文字にして残していったりすると,しゃべっている本人から離れていくけども,要するにしゃべっている言語というのは,今しゃべったら消えていくけれども,どこか記憶に残ったりするよね。だから,しゃべっている僕の言葉というのは,僕というこの人間の生命体の一部だね。
> Q：言葉というのは,生命体の一部。
> C：その人の一部じゃないかな。人と触れ合うということは,握手をしたりとか,抱きしめ合ったりとかあるけども,一応人間は,言葉を使って触れ合っているわけね。そういう道具を持っているわけね。
>   それは,言葉を使って触れ合っているわけで,この触れ合うという体験は,言葉が触れ合っているのではなくて,人が触れ合っているわけでしょう。人が触れ合うのに,道具として言葉があるわけ。その言葉だけを取り外したら,これは触れ合っていることにはならないよね。

「身体の延長」「生命体の一部」という表現に如実に表れているように,言葉とはそれを発した人と切り離せないものだという。物理的に接触しているかどうか,という次元を超えて,われわれは他者に「言葉」という媒介を通して「触れる」。実際,「言葉が刺さる」「言葉の暴力」あるいは「言葉に支えられる」といった表現が存在する。つまり,言葉は語り手の身体の延長であり,相

手はその意味内容だけでなく，言葉の感覚や感触も含めて受けとるということだろうか。そのとき，受け手には言葉だけが入っていくのではなく，それを発した人の存在自体が内在化され，支えるものとなりうるのだが，これについてはインタビュー解釈の部分で後述する。

C：触れ合う言葉になっているかどうかというのは，すごく大事で，それは自分がとても大事に思っていることとか，自分自身がその言葉をしゃべっていて違和感があまりないかどうかとか，自分の延長でちゃんとしゃべっているかどうかとか，というところが一つあるかなと思う。
　それが相手に伝わるときは，その関係の中に「この人の話をもうちょっと聞いてみよう」とか，「何かちょっと面白いかもしれない」とか，「信頼できるかもしれない」とかというのがあるから。それがあると，その言葉が入るというよりも信頼関係が動くので，何か気になる言葉として残るんじゃない。そういうものが人を支えたりする力になっていくんだろうと思うけど。（中略）臨床の言葉は，そっち側をずっと扱っているわけでしょう。
Q：そうですね。でもそれがなかなか，難しいというか。
C：いや，難しいね。
Q：そうですよね。私もそういった，相手に残る言葉を発したいとは思いますが，「言霊を乗せて」じゃないですが，その感じは難しいんですよね。
C：それはね，だから，教育分析を受けたりとかするんだろうと思うんだけど。要するに，自分で納得できてなかったらね，通じないと言うか，うまくいかないし。
　これは，ここは大事なんだろうなと思うときに，それは自分の中で，これだったら通じるかもしれないとかいうふうなことを感じているからしゃべれるわけだよね。それはあるだろうね。

〈触れ合う道具〉として言葉が機能するためには，「自分の延長」で言葉を話す必要がある。自分で使っている言葉の意味をよくわからないままに使っても，相手には通じにくい。自分の言葉を咀嚼し，そのイメージを掴んだ上で，話す姿勢が求められる。自分の延長で話すとは，自分自身が話していて違和感なく，納得した上で話すということである。そのためには教育分析などによって，自分自身や自分の言葉について十分に自覚しておく必要があるという。

このようにCは言葉を，非常に身体的なもの，身体と不可分なものとして捉えている。神田橋（1982）は「治療者が治療性のある言葉を選び抜いていったとすると，選ばれる言葉は，たどっていくと必ず身体感覚につながっている言葉になっている」と述べているが，身体性を帯びた言葉は治療的な力を持つと言えよう。

身体の居心地と反応

心理療法において，Cは言葉を扱う際，以下のような点に気をつけているという。

C：言葉そのものじゃなくて，「話をする」という行動について考えれば，話をするときの姿勢とか，態度とかにつながるんだけど，できるだけ，そのときにちゃんと向かい合って話をすることかな。
　話をしてもらったこととかも受け止めて，その中で自分自身がすごくこう，頭だけで反応するんじゃなくて，全部で何か湧いてくるイメージというか，反応というのかな，それを大事にしてしゃべることかな。それをそのまましゃべるわけじゃないんだけど，そういうあり方が，僕にとって自分が正直に相手に向き合う姿勢になるかなという感じはあるね。

Q：ああ。自分の中で湧いてくるイメージを大切にしながら。

C：イメージというか，反応とかね。そのときの居心地とかも全部含めて，そういうところに正直に，そういうところにあまり嘘をつ

> かないようにしながら答えるようにしようという努力は、まあ、いつもできているわけじゃないけど。

　クライエントの言葉を聞く際は，頭だけで考えず，全身で沸いてくるイメージや反応を意識するようにする。ここでも反応や居心地といった〈身体性〉がキーワードになっている。
　言葉をインプットしたりアウトプットする際に，いったん身体をくぐらせ，その感覚を吟味する。こうした姿勢を持つためには，クライエントに対して，また自分に対して，非常にオープンでなければならないであろう。クライエントに対する反応がポジティヴなものであれネガティヴなものであれ，セラピストはそれらを自分の所与としてありのままに認めることが求められる。ここに，言葉を受け取ったり発したりする際，Cが常にセルフ・モニタリングを働かせていることが見受けられる。
　以上のように，セラピストは，言葉の二つの側面に対する視点を持ちつつ，〈両者をつなげる〉作業を行っていくことが必要と言えよう。

II　事例分析

　次に，ダイアグラムに基づきつつ，事例を分析する。

> 【事例　10代後半　女性　対人緊張が高い】
> C：10代後半の女性で，大学生ね，その当時は。
> 　　訴えとしては，自信が持てないということだったね。自分の行動，まあ，自分に自信が持てない。まわりの人から見ると，劣っていると思われているんじゃないかとか，劣っているというのかな，劣っているというよりも，何か遅れているというか，今で言うと，空気を読めないというのかな。何か場にそぐわない状態に

見られているという感じがすごくあって、とても緊張感が高い。
　クラブにも入っているんだけど、部室で一人でぼーっとしているなんてなかなかできないし、何人かいる場所でどういうふうに振る舞ったらいいのかわからない。対人緊張がすごい高いというのが訴えかな。
　その人との面接の中で、それはだいたい最初のころの話なんだけど。面接をしていて、どういう理由で来たかとか、どんな状況か聞くよね。
　そういう面接の中で、いろんな状況を聞くだけじゃなくて、少し工夫ができるといいですねと僕が話したわけね。そういうところにプラスアルファ、その人自身の心のはたらきというのかな、そういうのにも目を向けて、一緒に話ができたらいいねと。そのために、少し覚えていることと、話せることだけをしゃべるのではなくて、それ以外のこともいろいろ知らせてもらえるとありがたいということでね。
Q：それ以外のこと。
C：それ以外というか、たとえば、箱庭をするとか、絵を描くとか、違うレベルでのコミュニケーションをしながら、もう少し理解を深めていくというのがあるよね。その一つとして、夢を覚えていたら教えてくれますかと言ってね。すると、2回目か3回目だと思うけども、みた夢が、高校か中学くらいのときのクラスで、言い争いをしているわけね。
　その相手というのは、クラスの中では少し目立つ、人気のある女の子かな。その子と言い争いをしていて、自分が責められている。それに対して、何かこう自分なりに返事をしようとしていると、そんな夢だったと。
　なんでそんな夢をみたのかな、という話をその人として。つまり、自分がどう見られているか自信が持てないということだけど、大学に入学して、新しい環境になって、当然いろいろ揺らぐ

わけね。そういうタイミングでもう一度それを考えてみようと思いはじめたのは，すごく大事なことでね。

　それで，その夢のイメージも，まさにこう，自分がなりたい相手かどうかは別にしても，自分がもう少し積極的に人に関わったりできる側面というのが，彼女自身の内側にあるんだろうねと話したわけね。そういう側面と，今の日常の自分とが言い争っているという，これはものすごく大事なことだねと。ここの対話がしっかりとしていくといいねと。自信が持てないとか，人づき合いがうまくいかないとか，そういうことが現実的な問題としてあるのだけど，彼女自身の内側に，争っている自分二人がいるという話をしたわけね。

Q：人と話したい積極的な自分と，こもる自分。

C：こもる自分かな。全然自信のないね。でも，その自信のない自分が頑張って話そうとしているということは，そこが交わりはじめているわけでしょう。これまではばらばらだったわけ。でも夢の中でちゃんと喧嘩をはじめているという，これはものすごく大事なことだねと。

Q：その二人がしゃべっているんですね，なるほど。

C：そういうことが起きはじめているわけ。自分にとって苦手だなと思う何かと，しっかり対話をはじめていくということを考えていけば，今の問題も，ずいぶんと違って考えられるようになるかもしれないね，といった話をしたわけね。

　そうしたら，ものすごく納得したね。「あ，そうか」，「ああ」という感じだったね，そのときは，表情が。

Q：なるほど。今のエピソードを聞いて，ユングの「影との対話」みたいな感じなのかなと思いました。

C：そうだね。その人の場合はそうかもしれないね。

影との対話を促す

　事例において，Ｃはクライエントの中にあるポテンシャリティを見抜き，クライエントがまだ気づいていない可能性がすでに存在していることを指摘している。「影」とはその人の「生きられていない側面」のことであるが，これは"影との対話"を促していく作業とも言えよう。クライエントは，自分の内なる可能性を指摘され，新鮮な驚きを示しているようである。「自信のない，緊張感の高い」という自己像とは対照的な部分，自分には欠落していると思いこんでいた「積極的な」部分が自らの中にあると気づいた瞬間だったと思われる。
　Ｃは，このエピソードを機に，「治療同盟」が成立したと述べている。

Ｃ：つまり面接をしていく中で，治療同盟というのがあるでしょう。どういうことを一緒にやっていこうか，という話をする。その段階のところで，何か共有できるといいよね。心の中の相手と話ができるようになったらいいよね，なんていうのは，まったくイメージだけどね。でも，そこで相手が納得して，「ああ」という感じになると，そのイメージが，ずっとあとの面接の流れを支えていくようになる。

Ｑ：基本線になるのでしょうか。何か軸みたいな。

Ｃ：そう，そう。基本線というかね。僕は，テーマを共有するという感じかなと思うんだけど。もともと，相談室に話に来るというモチベーションが高い人ではあったけど，そのことで来るんだなという，それこそテーマがはっきりするからね。その子の場合も，確かにちょっと緊張は高いし，しんどい面もあったけど，微妙に，このままでもいいかなというようなところも，ちょっとあったわけ。だけど，少し考えてみたいというので来談して，そういう夢の話をしたら，もっとモチベーションが高まるというところはあったかもしれないね。

（中略）

> 面接の最初の段階で「これから一緒にやっていきましょうね」と握手をするところで，どういう言葉で握手をするか，というのは大事な部分だろうね。

　クライエントには「このままでもいいかな」という迷いもあったが，このエピソードを機に，面接へのモチベーションが高まり，セラピストとテーマを共有するきっかけとなった。そして，「夢の中の対話」というイメージが，後々の面接の流れを支える基本軸になりえたという。明確に面接の目標とテーマを設定したことで，後でも「あのときの女の子とだいぶ対話ができるようになったね」とそのつどテーマに立ち返ることができたとCは述べている。これはプロチャスカ（1995）の治療段階説で言えば，「思索前」から「思索」の段階にステージを一つ上ったことになる。

他の生き方の可能性が開かれるとき

　ここで，Cは夢を一つの手がかりとして用いている。そして，夢を扱う利点について，以下のように述べている。

> C：夢を扱うのは，いいなと思うのは，その人のリアルな体験だから。しかも，それはつくりごとではなくて，何か自然に勝手にそこに生まれてきたイメージでしょう。だから，それはその人が何と言おうと，そういうイメージが生まれてきたというのは確かなんですよね。
> 　それは，その人のたぶん，心の地続きのところでできたイメージだから，それは僕のものでもない，その人自身のものだし。そういうことを考えると，これは大事なんでしょうねということになる。

夢が生み出したイメージはクライエント自身の個別的なものである。夢はそれをみた人にとっては生々しい体験となるため，折にふれてその感触に戻っていきやすい。この点で，夢は「リアルな」，身体性を伴う体験である。クライエント自身の体験に即して，それをエビデンスとして提示しつつ，潜在可能性を指摘したからこそ，この言葉が説得力のあるものとなったと思われる。

Cはクライエントの他の生き方の可能性について，以下のように述べている。

> C：さまざまな可能性というのがあると思うんだけど，たとえばその子がやっている生き方というのは，あまり人を信用できないなと思ったり，自信がないなと思ったりという生き方を選んで動いているわけよね。選んで動いているなんて本人は思っていないけれど，やっぱり，そのスタイルで生きてきているわけね。
> 　でも，違う可能性があるわけでしょう。華やかに生きるとか，社交的に生きるとか，言葉のレベルでも言えるし，夢の中のイメージであらわれるように，自分の次の一歩の可能性というのは，かなり多様にあるわけ。その多様な中で，ほんとうは今の生き方を選んで生きているんだけども，そうは思わなくて，それしかできないと思って生きているほうが多くの場合よね。それが何かこう，さまざまな可能性の中の少し生きられる可能性みたいなものが自分の中で芽生えはじめてきたときに，それをつなぐような言葉が出てくると，何かこう，ぱっと開かれるというか。「これまで思いもしなかったけど，実はそんなに離れたことではないんだ」みたいな経験になっていくということかなと思う。
> 　その準備段階として，この場合だったら，自分の生きる可能性のありえたバージョンというのかな，そういうものに少しずつ開かれていくことが大事になるだろうと思うんだけど。面接にやってくること自体が，だいぶ開かれようとしているときだったんだろうと思うんだけど。

> Q：ああ，なるほど，そうですね。その可能性があるときに，それを言葉にすると，明確になるのでしょうね。
> C：そうだね。明確になって，取り上げられて残っていくと言うか，消えないと言うか，つながりがあるんだなというふうになる。反発する対象じゃなく，違う意味を持って大事なものになっていくわけでしょう。

　クライエントは，自信がなく対人緊張の高い生き方をしており，それが自分の"そうあらざるをえない"生き方だと感じている。これを〈限定された生き方〉という概念とした。しかしクライエントが"そうあらざるをえない"と思って生きている生は，本人は意識していないが，実はクライエント自身が「選んだ生き方」であると，Cは述べている。セラピストは，表面的なクライエントの生き方だけでなく，潜在的な生き方の可能性にも目を向けることが必要である。つまり，クライエントの限られた生き方の背後には〈他の生き方の可能性〉が必ず存在し，それはクライエントが「選ばなかった生き方」である。現在の生のあり方と他にありうる生き方とは常に葛藤しているが，事例のように，擬人化された両者の「言い争い」は，見方を変えれば「対話」でもある。クライエントの〈限定された生〉と〈他の生き方の可能性〉が完全に分断されてしまえば，クライエントは内なる潜在可能性に気づくことなく，現在の生を生きるしかないが，事例の夢のように，両者の間に対話の回路が開けるときがある。華やかなクラスメイトと言い争いをしているという夢は，クライエントの中で，他のあり方を生きようとする可能性が芽生え始めたことを示唆していた。そのとき，セラピストがタイミングを逃さずに言葉にして取り上げることで，つながりが明確になり，よりくっきりとした形で残っていくことが可能となる。
　ここでセラピストの言葉は，曖昧な記憶を固定化する「虫ピンのような」（妙木，2005）機能を持つと同時に，漠然としたイメージをくっきりと明確化する機能を持っている。セラピストは言葉によって，クライエントの中の対立

する二つの生き方の間に〈つながり〉を持たせるという作業を行っている。

硬い言葉と柔らかい言葉

では，この事例でのＣの言葉は，先述の〈言葉の二側面〉のどれにあたるのだろうか。

> Ｃ：その子に，その夢はこんなことじゃないかなと僕がしゃべった。その子の中にその言葉がどこかに引っかかって残るという体験があるとすると，その引っかかって残るというのは，言葉だけが残るんじゃなくて，僕という他者，その人をそんなふうに見て支えようとしているということが残っていくんだろうと思うね。
>
> それは，けっこう元気の源になるね。ちゃんと関心を持って自分のことを見てくれている。そういう見てくれている手がかりになるのは，触れ合っている感触だとか何かでしょう。もちろん，普通は言葉が残るわけです。その言葉は，辞書の言葉とは全然違うわけですよ。

Ｃの言葉によって，クライエントは自身のテーマに気づくのだが，「その後の面接を支えていく」のは，セラピストの言葉の〈意味内容〉という〈辞書的な側面〉だけでなく，自らの内的感覚にぴったりした言葉，体験に即した言葉であり，セラピストという他者との〈関係性の中の言葉〉と言えよう。このときクライエントには言葉のみならず，セラピストという「支えようとする」存在自体も内在化される。Ｃはテーマを共有し治療同盟を結ぶことについて「言葉で握手する」という独自の表現を用いているが，そこに身体感覚が伴うことを示唆している。

クライエントの変化について，Ｃは以下のように述べている。

> C：何かすごく硬い感じの人だったんだけど，硬さがほぐれていくというか，何かずっととどめていたものが流れていくような感じはあったね。
>
> 　そういうことをとどめるきっかけになったような，ややこしい事件がいろいろあって，人に対する不信感があったんだけど。その話をしていく中で，いろいろな偶然もあって，語ることがだいぶできるようになった。
>
> 　それは僕とのあいだで語ったというより，むしろ友だちとのあいだで語れたというのがすごくよかったね。ずっと変わっていった感じがするね。

　飯森（2004）は言語には二つの様態があると指摘し，「言語は①表示・伝達の記号として，共同体において制度化された概念的意味＝辞書に定義された辞書的意味を担う《硬い言葉》と②辞義的には定義しにくいものの，身体に立ち返ることによって無反省的・直感的に理解可能な所作的意味を分泌する《柔らかい言葉》とからなる」と述べているが，Cの言う言葉の〈辞書的な側面〉は前者に，〈身体的な側面〉は後者に匹敵すると言えよう。さらに飯森は「言語の創造性は《硬い言葉》と《柔らかい言葉》との相互循環作用によって進展していく」と述べており，言葉が硬すぎたり柔らかすぎたりすることなく，両者がバランスよく織り交ざっていることの重要性を強調している。

　Cもまた，言葉の〈辞書的な側面〉と〈身体的な側面〉の両者を大切にし，両者を〈つなげる〉ことの必要性を述べている。ただしCの場合，両者を大事にしながらも，心理療法では特に身体的な側面が重要だと指摘している。この事例において，クライエントの《硬い言葉》が，セラピストの身体性を帯びた《柔らかい言葉》によって，徐々に解きほぐされ，みずみずしさを取り戻していったと考えられよう。

III インタビューと事例の解釈

境界が曖昧になる感覚

　Cは，インタビューの随所で「イメージ」という言葉を用いている。「夢の中のイメージ」「そのときのイメージが面接を支える」といったような具合である。イメージとは曖昧な，輪郭を持たないものである。

　同様に，「つなげる」「つながり」という表現も多用されている。「つながる」二つのものとは，言葉と身体であり，non verbal と verbal であり，夢と現実であり，あるいはクライエントの積極的な側面と消極的な側面である。「つながる」という言葉の他に，「対話」「交わる」「重なる」という表現も見受けられる。

　「（言葉は）生命体の一部」「言葉を使って触れ合っている」という表現も独特である。言葉で「触れる」とすれば，そこには感覚というものが伴うということになる。痛みや心地よさ，気持ち悪さといった感覚である。

　このように言葉というものを，自分の延長として，あるいは相手の延長として捉え直すと，皮膚感覚が刺激されるようである。一見相反する二つの要素が，あるいは自己と他者が，「イメージ」「つながり」「触れ合う」といった表現の中で，その境界が曖昧になるような感覚をおぼえる。

　Cは気功の専門家であるが，筆者は「気」について，多くを知らない。しかし，Cの次の言葉を聞いたとき，「気」について少しわかるような気がした。

　　「すべて気でできあがっていると考えるので，気がつながっていると。そうすると，気のつながりは，そういうイメージの中でいくと，こちらから気をわっと出すと，向こうに伝わるという感じがしてくるというイメージが生じるでしょう。その説明をするのに，"気"という言葉を使っているだけなんです。」

　いわば，さまざまなもの同士をつなぐものとして「気」という言葉をあてがっている，ということだろうか。

身体をくぐらせつつ語る

　次に，事例についてのCの語り方に着目したい。クライエントの状態像を説明する際，何度も言い直しをしている点が印象的である。「まわりの人から見ると，劣っていると思われているんじゃないか」と表現した後，「劣っているというのかな」と表現を吟味し，「劣っているというよりも，何か遅れているというか」と言い直し，さらに，「今で言うと，空気を読めないというのかな」と述べ，その後さらに「何か場にそぐわないような状態に見られている」と言い直している。

　クライエントの状態をより厳密に，正確に表現する言葉を探りつつ，自身の言葉をそのつど吟味しつつ，慎重に言葉を選んで話している様子がうかがえる。その結果，レンズの焦点が絞り込まれるように，ぼんやりしたクライエント像が少しずつ明瞭な形を帯びてくる印象を受ける。言葉で丁寧になぞりながら，事例を再現しているようである。クライエントの主訴を一言で，「対人緊張が強い人」と表現することもできるだろう。しかしCは，よりクライエントの現実に即した，具体的な言葉を選んで説明している。こうした語りに既に，自らの身体をくぐらせつつ違和感のない言葉を探すあり方が表れている。以上を踏まえつつ，事例の解釈に入りたい。

主客の反転

　事例において，クライエントは対人緊張が高く，場にそぐわない感覚を持っている。Cは，そのクライエントに対し，「違うレベルでのコミュニケーション」を提案する。つまり，現実的な状況を聞くという作業を行いつつ，同時に，箱庭や描画，夢といった，「イメージ」の領域も扱うということだろう。そして，クライエントが夢の中で「積極的な自分」と交わり始めていることをCは指摘する。

　現実のコミュニケーションの中では，「場」や「空気」あるいはそこで「人気のある人」が中心を占めている。「場にそぐわない」とは，自分自身が場にとって"周辺"であるという感覚に近い。一方，「違うレベルでのコミュニケーション」の中では，クライエントの心的世界が"場"として提供される

ため，クライエントはその持ち主であるとともに，"中心"にならざるをえない。Cが「夢はその人自身のもの」「夢はその人にとってリアルな体験」と述べたのはこうした意味も含むと思われる。そこではクライエントが主体であり，「人気のある人」はむしろ"周辺"として認識されるだろう。ここでまず，主客の反転が起きている。

ユング派の夢分析には「客体水準の視点」と「主体水準の視点」という二種類の視点がある（大場，1998）。前者は，夢に出てくる人物像を実際の外的・現実的人物（すなわち客体世界の中の人物）としてみる視点，後者は，夢に出てくる人物像を，夢見手の心の中（すなわち主体の中）にあって，その外的人物像として表されるような側面としてみる視点である。ここでCは，夢の中の「華やかな女の子」を，外的な人物とみなさずに，クライエントの内界のものとしていることから，「主体水準の視点」を用いている。

Cの指摘により，クライエントの自己に対するイメージ，自分を形づくる構成要素が変化している。対人緊張の高い，消極的な自己像が，それと対照的な積極的な部分までも含めて，ふくらみを帯びている。しかも「積極的な女の子」は夢でのリアルなイメージを伴っているため，クライエントにとっても思い描きやすいという利点がある。

外から内へ，内から外へ――"つなぎ手"としてのセラピスト

Cはしかし，夢の中での「言い争い」すら，「対話」という構造に転換させてしまう。そして，そうした側面が，彼女自身の内側にあるのだろうと指摘する。「目立つ，人気のある女の子」はクライエントにとって，相容れない，遠い存在だったと思われる。しかし，セラピストの指摘によって，クライエントの中のイメージが変容する。自分の対極と思っていたものが，実はすでに自分の一部であるという発見である。ここでクライエントが「ものすごく納得した」とはすなわち，対立するものを排除するのではなく，内側に取り込むという作業を行ったと言えるだろう。外にあるものを内在化するという，外から内への運動が起きている。

セラピストの言葉によりクライエントの無意識が刺激され，クライエントの

中で抑圧されてきた側面が少しずつ動き出す。夢やイメージといった領域での内的な対話を通して，クライエントは現実に応用するための"予行演習"を行うことができる。自己内部での対話が成立することは，現実世界での他者との対話が成立するための準備となりうるのである。先ほどのベクトルとは逆に，今度は内から外への運動が起きていると言えよう。

　ここでCは，どのような役割を果たしているのだろうか。事例では，外から内へ，内から外へ，といった運動が起きているが，セラピストは内と外の"つなぎ手"として介在していると思われる。Cは転機における言葉について，「その夢はこんなことじゃないかなと僕がしゃべった。(その子の中には)言葉だけが残るんじゃなくて，僕という他者が残っていくんだろうと思う」と述べている。つまり，クライエントはCの言葉を取り入れた際，自分の対立する側面を取り込むという作業と同時に，Cという他者を内在化する作業を併せて行っているのである。逆に言えば，その存在なしでは，対立するものを取り入れることは難しかったと推測される。セラピストがつなぎ手——あるいは摩擦を和らげる一種の潤滑油——として機能したからこそ，違和感のあるものを自らの所与として取り入れる作業が可能になったと思われる。

　外の世界に応用するという次の段階においてもやはり，セラピストは"つなぎ手"としての役割を果たしている。事例報告では，クライエントが面接室を出たところで偶然知り合いの学生とすれ違い，長時間話をすることができたというエピソードが語られているが，「セラピストと語る」ことを通して，「友だちとのあいだで語れる」ようになるという現象が起きている。セラピストは内的対話と実際の他者との対話のあいだに介在し，クライエントの"練習台"となりつつ，徐々に外側の世界に応用され開かれていくのを手伝う。内的な対話を現実の他者との対話に転換させていくのが，セラピストの役割と言えよう。

クライエントの中の二項対立

　ここでいったん，クライエントの抱えている問題に焦点を当てて考えてみる。クライエントは「嫌な夢をみた」と語るが，セラピストの事例報告には，夢のくだりについて，以下のように書かれている。

面接を始めて 4 回目に次のような夢が報告された。「クラスの女の子としゃべっていて，内容は覚えてないんですが，その子の態度を気にして敵意を感じていて，なんとかしようと思って，でもしゃべれなくて，ひどいことを言われて話がとぎれてしまう」という夢である。何でそんなことを言われないといけないの，という反発の気持ちを抱きつつ目覚めた。その子はあまり普段私とは話すことのない人で，クラスの中で明るくて，可愛らしく，みんなで楽しく騒ぐのが上手で，羨ましいなあと思うタイプの人。昔からそういうタイプの子を避けてきたところがある。中学の頃に仲良くなって結局裏切られた子がそんなタイプの子だった。私にはどう努力しようとかなわないし，結局あんなふうにはなれないな，と思う。（事例報告より引用）

クライエントは他にも興味深い夢を報告している。

> C：そのあとにも面白い夢をみていたよ。何かね，大学受験をして，まあ，もう大学生なのに，「大学受験の夢をみました」と言って，その受験票を持って受けに行ったら，地下鉄の電車で受験票を家に忘れたのに気づいて，慌ててがっと走って，それで取って帰って行って，何とかぎりぎり間に合うか，間に合わないかくらいだったかな。間に合わなかったのかな。

この夢について，事例報告では以下のように記述されている。

　クライエントにとって，この大学は私立の明るい華やかなイメージがあるという。「この大学には，夢の中で，自分には合わないと思っていて，絶対に落ちると思っている。もし実際入っていたとしても，私はダメだったと思う。みんな明るく，楽しく，いつも仲間うちでわいわい騒いでいるような人が多そうで，性格的に仲良くなれないだろうなと思ってしまう。しかし，そういった子たちは苦手だけれど，決して嫌いではなく，むしろ私の理想に近い」（事例報告より引用）

　クライエントの語りの特徴として，"一人の私" 対 "みんな" という構造が

あるように思われる。"みんな"には，「明るい／楽しい」といったポジティヴな属性が付与され，「そういった子たち」とひとくくりにされている。"みんな"の特性を代表しているのが，最初の夢に登場した「クラスの中で明るくて，可愛らしく，みんなで楽しく騒ぐのが上手な女の子」である。"私"は"みんな（あるいは明るい女の子）"に対して，「敵意／反発／羨ましい」といった感情を抱いている。また，「ひどいことを言われる／仲良くなっても結局裏切られる」といった被害的な意識も抱いている。ここに，"私"と"みんな"を二項対立的に捉えるクライエントの思考パタンと，「苦手だけれど，決して嫌いではなく，むしろ私の理想に近い」というアンビバレントな感情を見ることができる。

触れる，つなげる，補い合う——対立構造を超えて

　Cはしかし，「言い争い」を「対話」とリフレーミングしたように，クライエントの二項対立的な思考に対し，両者の「交流」「交わり」「つながり」を促すよう働きかけている。これまでの考察を踏まえると，「つなぐ」とはバラバラなものをつなぐという意味とは少し異なる。むしろ，すでに「つながっている」ことを示唆し，クライエントに自覚させ，言語化させるという意味合いが強いだろう。

　Cはその著書で「"気"という言葉が，二重構造を『対立構造』とせず『相互補完的な構造』として心に収めるための，重要な鍵言葉となってはたらいている」と述べている。つまり，一見相反する二つの要素について，「対立」ではなく「相補的」な構造として捉えていると思われる。Cは言葉についても，「言葉で触れる」「身体の延長」「生命体の一部」といった表現を用いている。クライエントについて「放っておくとそのまま閉ざして閉じこもっていく殻のイメージを抱いた」（事例報告より）とあるが，"言葉で触れられる"ことで，クライエントは自らの防衛や自我境界が刺激されたのではないか。

　インタビューにおいてCが多用した「つなげる」という言葉の意味が，改めて多重性を帯びてくる。内と外，自分と自分の「影」，クライエントとセラピスト，こうした一見独立してバラバラに存在するもの同士の境界部分がせ

めぎ合い，泡立ち，輪郭が曖昧になる。Cは二つの間の"つなぎ手"としての役割，二つの間に回路を作る役割を果たしている。クライエントはその回路を使って行き来しつつ，内的対話や他者との対話を進めることができるのである。この事例の転機において，相反するものを取り入れるという運動がみられたが，それはCの「対立構造」的ではない「相互補完」的な世界観に支えられたものだと言えるだろう。

IV　インタビューを終えて

身体感覚を活かす

　筆者が現場でクライエントと出会うようになって最初に痛感したことは，心理療法とは実にフィジカルな作業であるということだった。クライエントの話を聞いていると，そわそわする感覚が起きたり，肩が強ばったり，頭がぼんやりしてきたりする。

　こうした身体感覚を，リアルタイムで感じとることは難しい。臨床を始めた当初は，とにかく面接室を出た瞬間，「どっと身体が疲れる」というざっくりとした感覚でしか捉えられなかった。自分の身体の反応と，それを感知するまでのあいだにタイムラグがあるのである。

　ようやく最近になって，少しずつではあるが「ああ，今自分は何かしら違和感を感じているな」，「今はクライエントの声が身体にしっくりとなじむな」といった身体感覚を面接中に感じることができるようになってきた。

　あるときは，自分の身体が透明になってクライエントの輪郭もぼんやりと見えて，話しているのが自分なのかクライエントなのか区別がはっきりしなくなる。次の瞬間には，ふとした違和感——異物感といった方が近い——によって，クライエントとの間に分厚い壁を感じ，はたと「自分」の感覚が戻ってくる。

　またあるときはクライエントとの距離がぐっと縮まったように感じられる。そのときクライエントは目の前に迫って見える。そうかと思うと，すーっとクライエントが遠のき小さくなって，微かに，おぼろげに声が聞こえてきたりする。物理的な距離は一定であるにもかかわらず，そういったことが起きる。

こうした現象は，決して比喩ではなく，実際に身体感覚として起きるのである。
そしてこの感覚は，クライエントと向き合いつつ意識することでずいぶん活用できると気づいた。
筆者は「共感」という言葉にとらわれるあまり，自らの違和感をどこかで感じないようにしていた節があった。しかし，魚の骨から身をほぐすように，「しっくりくる部分」と「引っかかる部分」を丁寧に選り分けていくと，意外な気づきが生まれる。
クライエントとの自他融合的な感覚や距離の伸び縮み。あるいは自分の感じる窮屈さや居心地の悪さ。淡々と話を聞いている中で，あるポイントに引っかかりがあったり，急に距離が変化したりする。そうすると，その部分に「ことの本質」があることが少なくない。Cのように，自らの身体感覚を素材として使えるようになりたいものだと感じた。

第8章
セラピストDについての分析

「治療者がクライエントを見ているよりも，
　　クライエントが治療者を見ている方が深いからね」
　　　　　　　　　　　　　　　　　　——塚崎　直樹

セラピストDについて——本人による自己紹介

　精神科医。臨床経験35年。精神科医の研修先では，人間学派の影響が残っており，その視点に示唆されることが多かった。当初は，精神科病院の開放化の流れの中で，統合失調症の治療を中心として，治療共同体や，治療関係重視の実践を行ってきた。治療関係を社会的文脈の中で捉えること，治療者側の逆転移感情を治療に生かすことの重要性を感じている。診療所開設以後は，多様な病態に関心を向けている。統合失調症の治療の中で触れることができた，精神疾患の持つ宗教性にも関心があり，禅やキリスト教の神秘主義を考察の材料にすることが多い。

セラピストDと筆者——筆者による紹介

　先生のクリニックに勤務したご縁で，師事することになった。先生とは学問や趣味を媒介にコミットすることが多い。研究書から小説や詩に至るまで，さまざまな本を紹介してもらい，古今東西の思想や文化，宗教にも触れた。饒舌なときと，沈黙するときのギャップの大きい方である。フロイトや土居健郎，老子やドストエフスキーを引用して，ロジカルに鮮やかに語るのに，「じゃあ先生ご自身はどうなんですか？」と尋ねると，とたんに黙り込んでしまう。そして，腕組みをし，目をつぶって，10秒ばかり考えこむ。ようやく口を開いたと思ったら「うーん，難しいですね」と答える。この不器用で誠実な，どこか青年のようなお人柄が，先生の臨床ににじみ出ていると感じる。

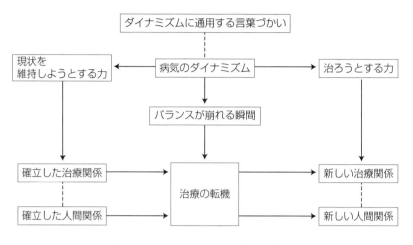

図 8-1　セラピスト D のダイアグラム

I　インタビュー分析

　セラピスト D（以下 D）のダイアグラムは，図 8-1 のようになった。まず，D の臨床姿勢と，臨床における言葉に対する考え方について，ダイアグラムに基づきつつ説明する。

病気のダイナミズム

> D：病気というのは，一つの表現形態というか，コミュニケーションの方法でしょう。
> Q：病気というのは表現形態，コミュニケーションの方法，なるほど。病気を通して何かコミュニケートするということですか。
> D：そうですね。自分の苦しみを訴えることで，相手の援助を引き出すというか，相互に納得し合うというか，相互の場をそこで設定するというのかな。だから，病気というのは常に，治ろうとする

> 　力と，現状を維持したいというか，安定した関係をつくりたいという力の両方を持っているんだね。
> Q：現在のコミュニケーションを崩したくないと。
> D：いや，崩したくないというか，そこから先に出ていこう，変わろう，とする意味も含まれているわけね。
> Q：変わろうとするけども，現在のその固定したコミュニケーションも維持したいということですね。
> D：そうそう，矛盾しているわけよね。

　Dは，「病気は一つの表現形態」と述べており，病気はダイナミックなものであると捉えている。ここには主に二つのダイナミズムが見出せる。一つは，〈治ろうとする力〉と〈現状を維持しようとする力〉がせめぎ合っているという意味でのダイナミズムである。もう一つは，日常での人間関係や治療関係において，病気をめぐる相互のコミュニケーションの場をつくるという意味でのダイナミズムである。

「治りたい」と「治りたくない」の拮抗

> D：（クライエントは）たとえば父親というものはこういうものである，友人というのはこういうものである，この人はこういうものである，という想定の中で動いている。「だけどうまくいかない，どうしたらいいのかな」というとき，それでも「何とか今までの人間関係の枠の中で調整して解決できるんじゃないかな」と思って来ている人が多いよね。
> 　だから，そういう人は治療者との関係も同じだね。「治療者というのは，こういうもので，こういうことをしてくれる」と。たとえば「とてもためになるアドバイスなり，お説教なり，励ましなりしてくれて，自分は元気になって，困難な課題に立ち向かって

> いくことによって,それは解決されるんだ」といった,意識の中
> で動こうとするからね。そういうことをしている限りは,過去の
> パタンを変えられないし,打つ手もないよね。変化もしないよね。

　クライエントは治療開始当初,日常生活において,「父親とはこういうものである」「母親とはこういうものである」といった,〈確立した人間関係〉を取り結んでいる。同様に,治療場面においても「治療はこのようなものだろう」「治療者はこんな人だろう」というイメージを抱いており,〈確立した治療関係〉が成り立っている。Dはこれらについて,「既成の／いわゆる／確立した」関係性という表現を用いている。
　以上のような〈確立した人間関係〉を見る限り,その関係性は静的なものである。それは,クライエントの,病気を維持し,安定した関係性をつくりたいという欲望に基づいている。Dは「自分の苦しみを訴えることで,相互の場をそこで設定する」と述べているが,〈現状を維持しようとする力〉には,パタン化したコミュニケーションの場をつくり,その関係性を維持・強化しようとする働きがあると言えよう。病気はいわば,関係性の一部になっているのである。
　しかし一方で,クライエントの中には〈治ろうとする力〉もある。「変わらないと思ったら来ない,治療にはね」とDは述べている。これは,病気による閉塞感から自由になり,パタン化した関係性を変化させ,〈新しい人間関係〉に踏み込もうとする力である。
　病気を維持しようとする力と治ろうとする力はクライエントの中で常に拮抗しており,前者は〈確立した関係性〉の条件となり,後者は〈新しい関係性〉の条件となっている。このようなせめぎ合いを考えるとき,クライエントの病気やそれをめぐる周囲との関係性は決してスタティックなものではなく,ダイナミックなものと言える。
　以上のようなアンビバレントな力に対し,セラピストがとるべき態度はどのようなものなのだろうか。

> D：治療者がどちらかだけに力を注ぐと，関係が切れてしまうか，マンネリ化したコミュニケーションになってしまうかだね。
> Q：つまり，維持しようとしすぎてもいけないし，変えようとしすぎてもいけないということ。
> D：そうだね。
> Q：両方汲みとる。
> D：両方持ちながら，自然にそれが転換するのを待つというのかな。または，そこで壊れる瞬間にちょっと刺激を与えてみるというのかな。だから，あんまりその，刺激を与えるところに重点を置くと，ものすごく積極的な解釈をしたり，直面化したりして，クライエントを傷つけてしまうようになるし，現状を維持すると，何て言うかな，なりゆき任せ。ただ漫然と経過を見ているだけになってしまうよね。
> （中略）だから，その治療的な関係というのは，常に現状を維持しつつ，それが変わりうるのであるということを含んで，「とりあえず今はこうだけど」とか，「まあ今はそういう表現なのね」とかね，そういうものを持っていないといけないのね。仮の姿だな，今はね。

　Dは，クライエントの中の〈現状を維持しようとする力〉と〈治ろうとする力〉のいずれか一方のみに力を注ぐことに警鐘を鳴らしている。セラピストは相反する二つの力に対して，「両方持つ」姿勢が重要と述べている。

病を深める

　ダイアグラムにあるように，対立する二つの力のバランスが壊れたり，転換する瞬間に，刺激を与えると，治療に転機が訪れうる。

Q：言葉がクライエントになかなか入っていかないケースとはどういうときでしょうか。

D：まだ病気でいたい。「病気でいたい」というのは，「この症状，こういう表現の形で自分を表現しなければならない」というかな，「まだ表現しきれてない，足りない」といった状態では入らないでしょう。だからもう，さんざん疲れちゃって，クライエントの側も「これじゃだめだな」，「何か違うな」というふうに思っているときに入るんだろうな。

Q：今のを聞いて思ったのが，河合隼雄が「病を深める」という言い方をしていて，要はその病をまだこう，浅いレベルで，徹底していない状態，それでまだ自分を表現していない状態で，外から刺激を入れても動かないと。でもそれがもう常套手段になって，自分をそれで表現できるようになってきたら違うのかなと思いました。要は，病も深めきってしまったら。

D：もう必要じゃなくなっちゃう。道具として必要じゃなくなっちゃっているということだろうな。完全に必要なくなっちゃったら，治療的に介入されなくても，捨てて別なものにするんだろうからね。

Q：ああ，つまり最初はその症状が，自分を表現する手段として切実なものであったということですよね。でも，それがだんだん常套化していくと，道具になってしまうということですか。

D：桎梏になるんだろうな。自分を縛るものになっちゃうわけだろう。最初は表現手段ではあるけど，その限界みたいなものが出てきてマンネリ化しちゃうと，それを捨てたくなるというか，変わりたいって思うんだろうな。

セラピストの言葉が変化のきっかけになりうるには，いくつかの条件が必要

である。クライエントの持つ二つの力のうち，〈現状を維持しようとする力〉が優っており「まだ病気でいたい」という状態では，変化は生じにくい。それは，病気によって自分を十分に表現しきれていない状態である。しかし，その表現が「マンネリ化」していくと，クライエント自身病気であることに疲れてきて，自らを縛るものとなる。このように病気による自己表現にクライエント自身が限界を感じ始めているとき，そこから抜け出す可能性が示唆されると，変化が生じうる。このとき，セラピストの発する言葉がクライエントにとって，たとえ意識的には想定外のものであれ，無意識的には既に気づいているものでなければならない。

　これは言い換えれば，クライエント自身が「このままじゃだめだ」と感じ始め，〈治ろうとする力〉に比重が傾いているときであるため，この条件は上記の〈バランスが壊れる瞬間〉という概念に吸収された。

　河合（1998）は「病を深める」という表現を用いているが，クライエントにとって病気であることは自己を表現するための切実な手段であり，必然的な生き方である。セラピストは，クライエントが病を深めきっていない段階で介入してもうまくいかない。クライエントの病気が常套化し，本人にとっても桎梏となって「治ろうとする力」が生まれる時機まで待つ姿勢が求められるだろう。

D：クライエント側から見たら，病気の症状によって縛られている自分の，そういう閉塞感みたいなものを（セラピストが）どこかわかってくれて。

Q：わかっていて，何かを。

D：何かをしようとしているんだろうな，という想定の中で，セラピストの言葉を受け止めているから，変わるんだろうな。

Q：閉塞感をわからないで，ただ「変われ」っていうのとは違うということですよね。

D：うん，そうだね。

言葉が転機となるには、そこに至るプロセスが条件としてある。つまり、この言葉は、病気について理解のないまったくの他人が言っても響かない。「症状によって縛られている自分の閉塞感」をセラピストが理解し、その上で何かアクションを起こそうとするからこそ、言葉が力を持つのである。

十年後でも通用するような言葉

このように言葉が力を持つ背景には、以下のような言葉づかいの工夫があるという。

> Q：先生が言葉を用いるときに、工夫や注意点というのはありますか。
> D：なるべく多重的な理解ができるような表現をするようにするってことだね。
> Q：多重的な理解というのは……。
> D：だから、たとえば、言葉で言うと、病気のことをよく知っていて、将来の自分の状況も見据えた上で指導してくれると感じられるような言葉。そういう治療関係が曖昧になっちゃって、何が何だかわからなくなったときでも、とりあえず有効であるような言葉。そして関係がひっくり返っちゃったり、もっと別な場で関係がつくられたときにも通用するような言葉。そういうものをぜんぶ、重ね合わせることができるような言葉を発するようにするってことだな。
>
> 　今しゃべっていることが十年後でも通用するような言葉をしゃべるようにするとか、もう治療関係が壊れてしまいそうなときでも、ちゃんと残っているような言葉を、今から発しておくっていうことかな。
>
> （中略）
>
> 　まああんまり、ネガティヴなものにしろ、ポジティヴなものに

しろ，その時点だけで賛美したりとか，固定的な評価をしない。「そういうことも言えるかもしれないね」くらいにしておくことかな。

Q：何か曖昧にしちゃうんですね。

D：うん。曖昧にするというのは，肯定が否定であり，否定が肯定であったりとか，過去が現在であったりとかいうようなものとして，コミュニケーションが行われるように促していくということだね。

Q：つまり，今ピンポイントで通用する言葉ではなくて，今の状況が変わったり，違う状況になっても，その人が思い出して何となく納得できるような言葉，ということでしょうか。

D：そうだね。

Q：なるほど。それは難しいですね。するとやっぱり治療者は，未来はある程度想定しなければいけないということでしょうか。

D：そうそう，そうそう。

Q：先生の言葉を借りれば，常に今はプロセスの一部であると。そのプロセス全体を見渡す，そういう視線みたいな感じなんでしょうね。

D：そうだろうね。

Q：ああ，なるほど。

D：だから，症状が取れたらいいってものでないし，病気がほんとうに意味のないものであるかどうかわからないし，もしかしたら，今苦しんでいることは，あなたにとってとても大事なことかもしれないよっていう，そういうメッセージだよね。それを簡単に治さないほうがいいかもしれないねって。だけど苦しいし，それを治さないわけにもいかないよねって。

Dは言葉を用いる際，「多重的な理解ができるような表現」をするよう心が

けているという。病気も治療関係も，揺らぎやすく移ろいやすいものである。すると，肯定であれ否定であれ，固定的な評価は現在という一時点でしか通用しない。それは〈確立した治療関係〉でしか機能しない言葉である。今という時点はあくまで「プロセスの一部」に過ぎない。病気は苦しいものであると同時に，治ることの苦しみが存在するのも事実であろう。症状はクライエントにとって「意味のある，大事なこと」かもしれない。よってセラピストは，安易に治ることを目指すべきではなく，クライエントの葛藤を理解した上で，曖昧な含みのある言い方をすることが望ましい。時間軸をいくつも持ち，関係性が変化しても通用するような言葉を，「現在」の時点から発しておくことが求められる。それは「肯定が否定であり，否定が肯定であるような」言葉づかいである。以上を，〈(病気の) ダイナミズムに通用する言葉づかい〉という概念としてまとめた。

クライエントの弾みとリズムを促す

> D：だいたい治療者がクライエントを見ているよりも，クライエントが治療者を見ているほうが深いからね。
> Q：クライエントが治療者を見ているほうが深い。
> D：見抜いている。見抜いているよな。だから，「こんな治療者，もう全然だめな治療者だけど，まあたまたま来たんだから，ここで治療を受けておこうか」とかね，「このあたりで治っておこうか」とかね，そういう要素のほうが強いんじゃない。こっちが治したとか，力になったとか思っているのは，まあほとんど錯覚じゃないの。(中略) 実際はクライエントのほうが真剣に治療というものを求めているし，大事にしているんだよな。だから，そこでできる最大限の仕事をして，治っていくなり，去っていくなりするんだな。向こうが主たる力を持っている。
> Q：そうですね。ただ，主たる力をクライエントが持っているとしても，治療者の手伝い方というのは重要ではないでしょうか。あん

> まり変わらないでしょうか。
> D：必要だとこちらは思うってことだな。だけど，向こうがやろうとすることを邪魔したり，ぶち壊したりしないようにしなきゃいけないし。向こうが持っている弾みやリズムみたいなものがあるからね。「こういうふうにして自分は自分を変えていこう」と思っているのだとしたら，それをなるべく促進するようにする，というのは必要だよな。

さらにDは，「セラピストよりもクライエントの方が主たる力を持っている」と述べている。よってセラピストは，クライエントの「弾み」や「リズム」を促すような言葉づかいをすることが求められる。クライエントの中の相反する二つの力がどのように動いているか，両方を見据えつつ，そのリズムが損なわれないように働きかけることが必要だと言えよう。

既成の関係性が壊れるとき

Dはインタビューの随所で，クライエントの想定したセラピストとの関係性が，いったん壊れることの必要性を強調している。

> D：既成の患者・治療者関係，弟子・師匠関係，そういう関係の中にいるあいだはうまくいくわけよね。そこで枠を離れないで，陽性転移の中でいろいろ教えてもらったことを身につけて，それで現実に立ち向かう元気が出てきたり，そのうちに現実においても問題が解決しちゃったりとか，そういうふうな場合もあるんだけどね。でも，そういう関係の枠の中でうまくいかなくなったときに，師弟関係であれば「ああ，いろいろ教えてもらっていたけど，何の役にも立たないし，この先生はもう全然だめなんじゃないか」または治療関係であれば「この治療者はいろいろなことを

言っているけど,ちっともうまくいかないし,こんな治療なんか受けても仕方がなかったんじゃないかな」という時点が来てね。それでも続けていって,その関係が壊れて,もっと違った枠組みで問題が整理されたときに,「あれ,違ったんだ」,「ああ,治療関係ってそういうものじゃなかったんだ」とか,「治るってそういうことじゃなかったんだ」といったことがわかる。
（中略）最初考えていた「こんな弱い自分でも誰かが応援してくれて,励ましてくれたら,生きていく元気も出るかもしれない」というイメージから,「いや,そんなものじゃないんだな,別にそれ自身で,このままでよかったんだ」というイメージになるということ。すると,「治る」ということのイメージが変わるじゃないですか。
Q：ああ,なるほど。
D：最初はそういうふうに,教えてもらったり,治してもらったら,治るんだっていうことで進んでいくんだけど,もちろんそれで解決する人もいるんだけどね。さらに進んでいったら,それがいっぺん解消しちゃうっていうかな。

　既成の治療関係とは,陽性転移の中で,セラピストに「治してもらう」というものである。「教えてもらう」「弱い自分でも誰かが応援してくれて,励ましてくれる」という表現がされているが,そのときセラピストは〈治す〉人であり,クライエントは〈治される〉受動的な存在である。このような関係の中で解決する場合もあるが,さらに進むと,「こんな治療なんか受けても仕方がないんじゃないか」という幻滅や失望が起こる場合がある。そのとき,既成の治療関係がいったん壊れ,治るということのイメージが変わるという。クライエントは「自分は弱い」というとらわれから脱却し,「このままでよかったんだ」と自身の力で治っていく存在になると言えよう。クライエントの想定した既成のセラピスト像がいったん崩れることは,新しい治療のあり方を発見するため

のいわば通過儀礼として必要と思われる。
　では，治療関係に起こった変化は，クライエントの日常での人間関係にも影響をあたえるのだろうか。

> D：クライエント本人が治療というものはこういうものだろうと思ってきたものが，治療関係が深まったりして，「あれ，違うぞ」と。「治療って，自分が考えていたのと違うんだな」という感じが起こることと，その人が日常的に想定して取り結んでいる人間関係についても「あれ，自分の思い込みで人と接していたんじゃないかな」という感じがね，ある程度こう，同時的に起こるというのかな。

　Dは，治療関係での変化と他の人間関係の変化は，「同時的」「並行的」に起こりやすいと述べている。すなわち，確立した治療関係と日常での確立した人間関係は相補的に存在しているため，治療関係が変わると，それが刺激となり，日常の人間関係にも変化が生じやすい。よって，〈確立した人間関係〉から〈新しい人間関係〉へ変化する介在条件として，〈治療の転機〉が存在すると言える。
　以上，ダイアグラムの説明を述べた。次に，Dの挙げた事例に即しつつ，これらの概念を具体的に説明する。

II　事例分析

> 【事例　50代　女性　身体表現性障害】
> D：身体表現性障害の人がいてね，「心臓が苦しくなる」ということばっかり言っているんだけど，とにかくまあ……。

Q：心臓が苦しくなる。
D：「心臓が苦しくなる」と。「もう動悸がして、もうしんどくてしょうがない」という話をして、その人が私の診察の時間とかお構いなしに、「苦しい、苦しい」と訴えてくるんですよね。それでもう「ちょっと時間がないから、今、話を聞けません」と言って断ったら、その人は「もう自分が死ぬかもしれないのに時間がないとは何ごとか」と言ってね。そして「見殺しにするのか、あんたは」と言ったから、私が「人間には命より大事なものがありますよ」と言ったんです。するとその人が、はっと言葉をのんでしまって、それからもう、そういう訴えをしてこなくなっちゃったということがありましたね。
Q：心臓が苦しいとか、もう言わなくなっちゃったんですか。
D：うん。

パラダイムの転換

この事例について、Dは以下のように解釈している。

D：その人は、たぶん自分の訴えというのは、非常に心気的なものだということをある程度感じ取っていたんだろうね。その訴えを通じて、自分の要求を通そうとするやり方が有効だから使っていたんだろうけど、どうもそんなことばっかりしていても仕方がないんじゃないか、という疑いがちらっとあったんだろうな。
Q：見えましたか。
D：うん。だから、それを言ったときに、はっと向こうは息をのんじゃったというか、「死ぬかもしれん」という言葉だけをふり回していたら、誰でも自分の言うことを聞いてくれると思っていたのが、「そんな馬鹿な芝居してどうするの」という態度をこっち

がとったものだから，途端にそれはもう，「ああ，そう，これは使っても仕方がないな」と思ったんだろうね。その症状はなくなりましたよ。
Q：それは終結したんですか。
D：終結したわけではないです。その人の場合は，いろんな問題が残っていたからね。
Q：ああ，とりあえず，その身体表現性障害は。
D：身体表現性障害というのは，なくなったね。まあそんなことはしょっちゅう起こるわけじゃないけどね。それは，言葉が入ったというかね，ある種のパラダイム転換みたいなものがあったんだろうと思うね。その人のやり方自身が無効になっちゃったということだろうな。

（中略）クライエントがまったく気づいてないというときは，そんなことは起こらないだろうな。だから，一種の賭けみたいなものだよね，そのときはね。この言葉で勝負に勝てるのかなって，そういうふうに向こうが思っていて，「あれ，通用しないわ」，「ああ，やっぱり」といった感じだよね。そういうことが起こって，そこでパラダイム転換が起きたんだろうな。
Q：それまでのパタンですよね。疾病利得が成立するような人間関係の場があらゆるところで起きていて，治療者間でも成り立つとその人は思っていた。
D：そうだね，疾病利得という表現を使ってもいいよね。もちろんそれは，初めて来て，初めてそんなことを言っているわけじゃなくてね，そこに至るまでの過程があって，向こうがそこで勝負をかけてきたっていうか，これだったら医者は言うことを聞くだろうという，そういう賭けに出たんだろうけどね。それは通用しないってことで，「ああ，これはだめなんだ」と思ったんだろうね。そういう病気の表し方をしても通用しないんだなと気づいたんじゃないかな。

クライエントは日ごろから，心気的な訴えをすることで周囲の人間を操作的に動かすという〈確立した人間関係〉を持っていた。そして，自分の常套手段がセラピストにも通用するかという「一種の賭け」に出た。しかしDは，「人間には命より大事なものがありますよ」とクライエントにとって想定外の発言をしている。ここで，クライエントが想定した〈確立した治療関係〉はいったん壊れ，自分のこれまでのやり方が無効になるという「ある種のパラダイム転換みたいなもの」が起きた。これが〈治療の転機〉となり，その後，心気的な訴えは一切消失した。

このエピソードの背景には，クライエント自身の気づきがあったとDは推測している。この時点で既にクライエントは，自分の訴えが実は心気的なものだと「ある程度感じ取って」いたのではないかという。周囲を操作するのに有効な手段として訴えを繰り返していたが，「そんなことばっかりしていても仕方がないんじゃないか」という疑いが「ちらっとあった」。つまり，〈現状を維持しようとする力〉と〈治ろうとする力〉の拮抗があり，後者にバランスが傾いたことで，転機が訪れたと考えられる。クライエントの中で〈バランスが壊れる〉という条件が整っており，それをセラピストが見抜いたからこそ，言葉がクライエントに届いたと言えよう。

今を「仮の姿」と捉え，〈ダイナミズムに通用する言葉づかい〉をする姿勢は，この事例にも表れている。Dが「命より大事なものがありますよ」と言ったとき，クライエントが想定していたセラピストのイメージがいったん壊れ，脱錯覚が起こったのではないか。こうした言葉は，Dが幻滅を恐れ，「今」の治療関係にこだわっている限り，なかなか発せないだろう。また，「死にそうで苦しい」という表面的な訴えの向こうに，「意味のないことの繰り返しなのではないか」というクライエントの葛藤を見抜いていなければ，このような切り返しは難しいだろう。現状にとらわれず，過去，現在，未来を俯瞰するDの臨床観が事例からうかがえる。

セラピストの感情の発露

Dはしかし，この言葉は意図的に発せられたものではないと言う。

D：私はそこで相手に，何かを悟らせようとか，気づかせようって全然思っていなかったということだね。目的を持って言っていたわけじゃなくてね，「いったいあなた何をそんなつまらないものにこだわり続けているんだ，馬鹿と違うか」といった，私個人の感情がもろに出ちゃったということだろうな。
Q：私個人の感情ですか。
D：うん。操作的なものではないよな。技法ではないよな。
Q：いろいろ事例をほかでもお聞きして思うのが，意外にそうなんですよね。こうさせようとか，患者に対してこう動かそうという意識を持って，意図的に発せられた言葉というのはあまり届かないんです。本音がぽろっと出たり，もう限界というときに，動くことが多いような気がします。
D：うん，やっぱり治療者としての既成の概念で言えばね，医者だから「命は大事です」と言うのは当たり前じゃないですか。だから，なぜそこでその概念を捨てちゃったのかということが，相手に届くものがあるわけだと思うんだよね。

　私が「いつまでそんなつまらないこと言って，あなたは何をそんなに自分を縛って，人を縛って田舎芝居をしているの」ということを言っているわけだから，向こうも，「ああ，これはほんとうに意味のないことの繰り返しに自分がなっちゃっているな。もしかしたら自分がやっていることって，意味のないことなのかもしれないな」って，そのことが刺激されたから黙っちゃったわけだろう。

　いわゆる治療者は，そんなこと言わない。「健康第一ですよ」とか言うものだしね。でも，「そこまで来ていたら，あなたもう死んだ方がいいかもしれない」といったことを言って，だけど，それは「生きなさいよ」っていう意味であるということだよね。

この言葉を発したときDは，クライエントが変化することを意図したわけではなかった。操作的な技法ではなく，「そんな馬鹿な芝居をしてどうするの」という「私個人の感情がもろに出ちゃった」ことで，図らずもクライエントは動かされたのである。セラピストの想定外の言葉によって，〈確立した治療関係〉に転機が生じ，既成の役割とは異なる〈新しい治療関係〉が成立することになる。

Ⅲ　インタビューと事例の解釈

治療のパラドックス

　Dの語りは，独特である。「病気を維持したいけど，治したい」「治療者であるけど，治療者ではない」「死になさい，が生きなさい，のメッセージになる」「肯定が否定であり，否定が肯定である」といった表現が多く見られる。これは，Dのものごとを断定しない，固定化しない態度に由来するものと思われる。"aでもなくbでもない，そして，aでもありbでもある"という表現は，「病気のダイナミズム」を強調する臨床態度を端的に表しているようである。インタビューにおいて，「つまり，aということですか」と筆者が問いかけると「いや，bだね」と返される。逆もまた然りである。そのつど，こちらの想定を"裏切る"セラピストである。ひとつのテーゼの向こう側に，常にアンチテーゼを置き，その二項対立が，シーソーのように変化し，反転し，ねじれる。こうした運動が，会話の中に，独特の弾みと不思議なリズムを生み出している。これがDの言うところの「ダイナミズムに通用する言葉づかい」なのだと改めて感じる。

　「病気は一つの表現形態，コミュニケーションの方法」とはつまり，クライエントは「病気」という媒体を用いて世界と関わっているということだろう。コミュニケーションが双方向的なものであるという前提であれば，そこにはしかるべき"相手"が存在するはずである。クライエントの「病気というコミュニケーションの方法」が成立するのは，周囲の人間が，その形に加担し，一種の共犯関係が成り立っているからである。この意味で，病気は常に，クライエ

ント一人の問題に終始せず，その周囲の関係を巻き込んでいく。とりわけ治療関係とは，通常「病気」を介して成立するものであるため，セラピストは病気というコミュニケーションの一端を担っていると言えよう。

　ここで，奇妙なパラドックスが生じる。治療とは"病気を治す"ものであるのに，クライエントと関わる時点でセラピストは既にその病気に"加担"しているという点で，治療というものが原理的に内包しているパラドックスである。

クライエントとセラピストの対決

　以上のことを踏まえつつ，事例について検討する。最初Dはクライエントに対し，「ちょっと時間がないから，今話を聞けません」と，マニュアル通りの冷静な対応をしている。しかし，それでもクライエントは「もう自分が死ぬかもしれないのに時間がないとは何ごとか」と食い下がり，「見殺しにするのか，あんたは」と挑発的な言葉を投げかけてきた。ここでクライエントは，セラピストを「あんた」と呼んでいる。通常なら「先生」と呼ぶべきところを，「あんた」と呼んでいるのは，クライエントがいわゆる治療関係を外れて"私とあなた（あんた）"の自他関係に足を踏み入れ，セラピストと対峙していることの表れであろう。そしてDもまた，クライエントの挑発に乗るように，「人間には命より大事なものがありますよ」と反応している。ここで両者は，「クライエントと先生」の治療関係を超えて，"個"として対峙しているように思われる。

　D自身，「賭け」「勝負」という表現を用いていることからも，これはクライエントとの一瞬の対決と捉えられていることがうかがえる。河合（1986）は「（クライエントとセラピストの）対決は，対決する力が伯仲し，それは同一の地平において行われ，そこに主体的な責任性が存在している状態」と述べているが，このとき，セラピストは既成の治療者という権威的な立場をいったん降りて，クライエントと同じ地平に立って対峙したことになる。

　通常，医療に従事する者であれば，「命が一番大事である」というのが一般的な言説であり，クライエント側も，医者であれば自分の訴えは聞き入れられると考えたのだろう。しかし，ここでDは，職業的な立場や，良いセラピス

ト像というものを超えて,「人間には命より大事なものがありますよ」と型破りな発言をしている。セラピストが"冷静沈着に,中立性を保つ"といういわゆるセラピスト像をいったん括弧に入れて,感情を持った"生身の人間"としての姿を見せたとき,クライエントも,"病気にしがみつき,病気であることを使って,周囲を動かす"というこれまでのクライエント役割を降りて"生身"にならざるをえなかったのではないか。クライエントはセラピストの素顔に驚いて,「はっと息をのんで」,それ以降心気的な訴えをすることができなくなったと推測される。

「人間には命より大事なものがありますよ」と言うとき,そこには暗に"こちらは命より大事なものを扱っているんですよ"というメッセージがあるように思われる。しかし,ここでDが言うところの「命より大事なもの」とは一体何だろうか。クライエントは,「心臓が苦しい」という訴えによって周囲やセラピストを操作的に動かしていた。「心臓」は「命」というイメージを伴っており,その強烈なイメージを使って周囲の感情を刺激していたと言えよう。Dの言葉には,"そのような,人を操作する道具としての「命」ならば,そんな「命」はいっそのこと捨てたらどうですか,私はそんなイメージは問題にしていませんよ"という暗黙のメッセージが込められているようである。そのような「命」に執着して生きながらえるより,生理的に生きることを超えたところで,もっと精神的にプライドを持って生きたらどうか,そうしたメッセージが,クライエントを動かしたのではないかと考えられる。

「芝居」という観点

「馬鹿な芝居をして」「田舎芝居をしている」と語るDは治療の場を「芝居」に喩えている。"役割を降りる"という運動については既に述べたが,「芝居」という観点から改めて捉え直すと,治療の光景が新しい意味を帯びて見えてくる。クライエントは「心臓が苦しい」と感じ,訴えつつも,どこか違和感を抱いており,セラピストもその対応に追われているようで,どこかおかしい,と内心思っている。現実レベルで見れば,「心臓が苦しい」という訴えは,生きるか死ぬか,という差し迫った問題である。しかし,「芝居」という観点で眺

めたとき，そこには，滑稽さとユーモアが入り交じる。

　事例において，クライエントは「診療の時間とかお構いなしに，苦しい苦しいと訴えて」いた。双方が"役を演じる"ことに疲れと限界を感じている様子が伝わってくる。たとえばここで，とめどなく続く訴えに対し，クライエントが落ち着くまで延長させて話を聞く，という対応もありえただろう。しかしその場合，既に嫌気がさしているＤは，純粋にクライエントの話に集中できず，不如意な気持ちを抱えたまま，形式上セラピスト役を演じるだけである。

　この局面でＤは「人間には命より大事なものがありますよ」と言い放つ。これは当初のシナリオ——いわば双方の暗黙の了解——にはない台詞だったのだろう。あるいはここでＤは，その仮面を一瞬外したのだろう。「田舎芝居」に慣れていたクライエントは，そのアドリブに驚き，息をのんでしまったのではないか。これは言い換えれば，治療関係が元々孕んでいたパラドックスが明るみに出た，とも解釈できる。つまり，病気を介して成立していた共犯関係にこれ以上加担しない，というセラピストのメッセージである。Ｄ自身「私個人の感情がもろに出ちゃった」と述べているように，それはしかし，意図的，操作的ではなく，思わず口をついて出たアドリブだった。

　事例で「心臓が苦しい」と訴えるクライエントについてＤは「それを通じて，自分の要求を通そうとするやり方が有効だから使っていたんだろうけど」と解釈している。ここで病気は，やはりクライエントの"手段"として捉えられている。つまり，"患者＝病人"という認識ではなく，"患者＝病気という手段を使わざるをえない人，その形でしか世界と関われない人"という捉え方である。病はしばしば，「病気に襲われる」「病魔に取り憑かれる」といった受動態で語られる。しかしＤはあくまでクライエントを病の主体として捉えている。さらに，Ｄは「治療者がクライエントを見ているよりも，クライエントが治療者を見ているほうが深い」，「こっちが治したとかね，力になったとか思っているのは，まあほとんど錯覚じゃないの」とさえ述べている。このような語りから，治療の主体はあくまでクライエントであり，セラピストとクライエントは，治す役割と治される役割を演じているにすぎない，といった臨床観が垣間見える。現実生活ではさまざまな制約があり，固定化した関係性から抜け出

すことが難しいものの，治療という舞台の上では，クライエントは自由に動き回ることができるのである。

言葉を用いたプレイセラピー

北山（1989）は言葉の機能として「劇化」を挙げており，以下のように述べている。

　言葉の「意味」は症状になったり，行動になったり，言葉になったりするものであり，その揺れにつきあっていると言葉と行為の間には，中間的な劇化（プレイング・アウト）とでも言うべきものが生れる。つまり，発見された言葉を断片的にちょこっと使ってみるなら，またそれが部分的に劇化されて，またそれが比喩化されると，深刻な症状や真剣な行動化の内部にも，遊びや劇の要素が発生してくる。

Dの"aでもなくbでもない，そして，aでもありbでもある"といった逆説的な語り口はとらえどころがなく飄々としているが，だからこそ，関係性に揺さぶりをかけ，ダイナミックな場を作り出していると思われる。クライエントは，Dの変幻自在な言葉づかいに潜む「遊びや劇の要素」に刺激され，"クライエントとして生きる"という現実から"クライエントという役割を演じる"芝居(いざな)の世界へと誘われていく。そこでは，"自分"と"クライエント"はイコールではなく，両者のあいだに中間領域が生じる。同様に，抜き差しならない現実とのあいだにも，中間領域が生じる。セラピストとクライエントが互いに芝居を演じる中で，シナリオを書き換えたり，役割交替が起きたり，悲劇が喜劇になったりするだろう。あるときは，観客側になって，治療という舞台を見つめ直すこともあるかもしれない。以上のように捉えるとき，Dの臨床はまるで，"言葉を用いたプレイセラピー"のような様相を帯びている。

現実でもあり，舞台でもある次元へ

クライエントとセラピストは治療という舞台の上で各々の役割を演じている。同時に，その舞台を座席から眺めている観客でもある。観客席から拍手が起きたり，野次が飛んだりすることもあるだろう。またあるときは，観客席に

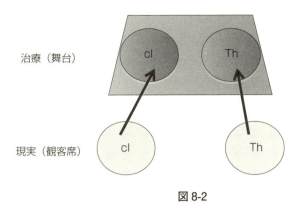

図 8-2

いるクライエントとセラピストの二人が，顔を見合わせて笑うこともあるだろう。それはたとえば，「毎週ここに来て，先生に会っているけど，この治療って意味あるのかな」といったクライエントの語り，「ずいぶんたくさんの山場を一緒に越えてきたね」といった二人の語りに象徴される。つまり，演じつつ，その舞台を眺めるという視点が入る。治療という舞台自体が対象化され，距離（いわば中間領域）が生じるのである（図 8-2）。

　クライエントとセラピストが，繰り返される芝居に退屈していた矢先，舞台の上で突然のアドリブによって思わぬ展開がもたらされると，にわかに会場全体が一体となり，カタルシスが生じる。このとき，舞台と観客席の区別は曖昧になる。すなわち，"アドリブ"というシナリオからの逸脱によって，役者は仮面の奥の"生身の姿"を一瞬見せることになる。また，カタルシスによって，観客は座席にいながら，芝居の物語の一部として取り込まれることになる。舞台と観客席のあいだのしかるべき距離が一瞬消失する（図 8-3）。Ｄの言葉を借りるなら，"現実でも舞台でもない，そして，現実でもあり舞台でもある"次元へと参入するのである。このとき既に，芝居は"現実への予行演習"という意味を超えて，"現実もまた芝居の一部にすぎない"といった反転さえ生じうるのである。

　Ｄの「（今という時点は）仮の姿」「プロセスの一部」という表現にはこうし

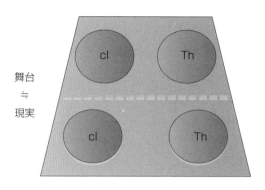

図 8-3

た意味も含まれているのだろう。この文脈で捉え直せば，転機とは，固定化した役割から離れたアドリブによって，「芝居」の中でにわかに現実が顔を突き出す瞬間であり，それによって，現実そのものにも変化がもたらされるときであると言えるだろう。

Ⅳ　インタビューを終えて

クライエントの矛盾とセラピストの矛盾

　クライエントの主訴は，矛盾を孕んだものである。「集団にとけ込みたいけど朱に交わりたくない」，「人と近づきたいけど傷つくのが怖い」といった語りに表れるように，アンビバレントな感情を抱えていることが多い。たとえばクライエントが「私の母親は暴力的で，自分はずっと独りだった」と語るとき，そこにはさまざまな葛藤がある。その一方だけを取り上げて，「それはひどいお母様ですね」と短絡的に応えてしまうと，こぼれ落ちるものがある。

　「治りたい」という語りも同様である。その背景には「治りたくない」あるいは「治るのが怖い」といった感情がある。それにもかかわらず，われわれセラピストは，症状の消失をうっかり喜んでしまうきらいがあるように思う。ずっと引きこもっていたクライエントが社会人になれたとき。不登校の子ども

が学校へ足を踏み入れたとき。筆者はクライエントに「治ることばかり目指さずに，症状とともに生きる人生もある」といった趣旨のことを言い続けていても，こうした変化が生じると思わず喜んでしまう。逆に，回復したと思っていたクライエントが悪化すると，どこか失望している自分に気づいて愕然とする。

　治療目標を明確に掲げることは，クライエントとセラピストの双方にとってわかりやすいだけでなく，他スタッフとの連携のためにも必要なことであろう。「お母様から少しでも自立できるように」「少しでも治っていくように」といった目標は，便利で使いやすく，一時的に治療同盟を強固なものにする。しかし，目標を絞りすぎると，あるいはそこに拘泥すると，ある時点から治療が動かなくなる。揺れ動く感情の片方だけに比重を置くと，関係性を固定化したり，症状を固定化することにつながるのである。そして，クライエントのもう一方の感情──たとえば「治りたくない」といった感情──はひとり，置き去りにされてしまう。

　治療は，矛盾を抱え込むものでなければ機能しないと痛感する。その際，「クライエントの抱える矛盾に思いを馳せる」のみでは不十分であろう。セラピスト自身が抱える矛盾に自覚的になることが必要なのではないか。「そのままでいい」という言葉の裏にある「治ってほしい」，逆に「治ってほしい」の裏にある「関係が終わるのは寂しい」といったアンビバレントな感情が，おそらくセラピストには（少なくとも筆者には）あるように思う。クライエントが葛藤を抱えられるようになるためには，セラピスト自身が，矛盾した感情を自らの所与として受け入れる必要性があるように思われた。

第9章
セラピストEについての分析

「クライエントとセラピストは,
　　　人間として基本的にイーブンだということです」
　　　　　　　　　　　　　　　　　　——村瀬　嘉代子

セラピストEについて

　臨床心理士。臨床経験49年。家庭裁判所調査官,留学後の児童精神科病棟でのセラピーを経て,統合的心理療法を提唱した我が国の先達の一人。なお,統合的心理療法とは,以下の4点に要約される。①個別的,多面的なアプローチを行う。クライエントのパーソナリティや症状,問題の性質に応じて,理論や技法をふさわしく組み合わせて用いる。②クライエントの回復段階,発達・変容につれて関わり方を変容させていく。③チームワーク,機関の連携,多領域にわたる協同的関わりをも必要に応じて行う。④治療者は矛盾した状況,不確定な状況に耐えて,知性と感性のバランスを維持するようにありたい,治療者自身が常に新たな知見の吸収蓄積に努め,より高次の統合を求めていること[1]。理論や技法の統合と同時に,それを使うセラピスト自身の統合を重視した点に特徴がある。

セラピストEと筆者

　浅学な筆者は,その講演を聴くまで先生の存在を詳しく知らずにいたのだが,壇上のお姿を目にした瞬間,「ああ,この人だ」という直感が電光石火のごとく閃いた。一目惚れと言ってもいいと思う。翌日には,その足で先生の職場まで押しかけていた。先生に出会ったことで,筆者の臨床観,ひいては人生観はずいぶん変化した。「変化」という表現では不十分で,実際にはまるで洗剤のコマーシャルのbeforeとafterのように別物になってしまった。それだけの影響力を持ちつつ,「私,何もしていないわよ。私はただのおばさんだもの」と微笑んで話されるところが,この先生のすごさだとしみじみ思う。

---

[1] 村瀬嘉代子(2003)『統合的心理療法の考え方』金剛出版

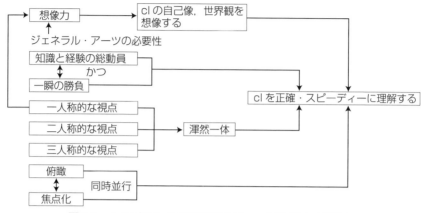

図9-1 セラピストEの臨床姿勢についてのダイアグラム

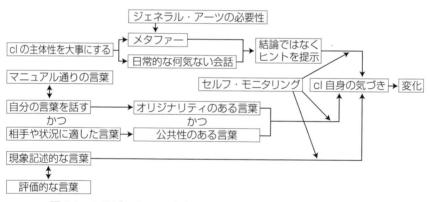

図9-2 セラピストEの臨床における言葉についてのダイアグラム

I　インタビュー分析

　セラピストE（以下E）のダイアグラムは図9-1, 9-2のようになった。まず，Eの臨床姿勢や臨床における言葉に対する考え方について，ダイアグラムに基づきつつ説明する。ダイアグラムにあるように，Eの臨床観には，しばしば，

対立的な概念が登場する。そして，対立項のいずれかの軸に偏ることなく，矛盾した要素を統合しながら心理療法を行うことの重要性が語られている。

想像力と複眼的な視点

まず，言葉を使う前提となる，Eの臨床観について，図9-1のダイアグラムに基づき説明する。

Eは，「臨床の一番の要諦は想像力」と述べている。クライエントが自分や周りの世界をどのように体験しているか思いを馳せ，クライエントの身になって考えることである。想像力が活発に，緻密に働くためには「ジェネラルアーツが必要」という。さまざまな精神文化を持った，異なる年齢のクライエントの立場になるためには，ただ素朴に想像力を働かせるだけでは限界がある。一般教養の知識によって補いつつ，クライエントの体験や思考を丁寧になぞっていくことが求められる。

クライエントを理解する際，三人称的に眺めるのではなく，一人称，二人称，三人称的な視点が複合的に働く必要があるという。三人称的な理解とは，「彼／彼女は……である」という，クライエントを対象化した，客観的な視点である。心理療法では，この三人称の視点が一般的であるとEは述べている。しかし，この視点だけではクライエントを理解することにはならない。さらに踏み込んだ，二人称的，一人称的な視点がある。二人称的な理解とは，セラピストがクライエントに向き合って「あなたは……なのですね」という，より近づいた視点である。このとき，セラピストはクライエントを外側から見るのではなく，クライエントとの関係性の中にある。さらに，一人称的な理解とは，まさにクライエントの立場に立って，クライエントの視点から「私は……である」とどのように自己や世界を見ているか，想像することである。これら一人称，二人称，三人称の視点を併せて持つことで，クライエントが「生き生きと立体的に」わかる，とEは述べている。

よって概念としては，〈想像力〉を中心に，その条件として〈ジェネラルアーツの必要性〉と〈一人称的な視点〉の二つの概念を設けた。さらに〈一人称的な視点〉と並行して，〈二人称的な視点〉と〈三人称的な視点〉を設け，

これら三つの視点が〈渾然一体〉となることを示した。

複眼的な視点を持つことは，〈俯瞰〉と〈焦点化〉という二つの対立概念を同時的に行う，という点でも共通している。心理療法は，えてしてクライエントの問題に一点集中的にフォーカスしてゆきがちである。しかし，クライエントに焦点を置きつつも，一方で，「この人と向き合っているこの状況は，この時間のこの場所で，お互いの人生にとってどんな意味をもつのだろう」と全体を見渡す視点を忘れないという。レンズの焦点を自在に絞ったり緩めたりするように，〈焦点化〉と〈俯瞰〉の視点を絶え間なく往復することが必要と言えよう。Eは「大切な焦点とともに，空中に無数に焦点が飛んでいるの」と述べているが，クライエントに〈焦点化〉しつつも，同時に，その点が精神的・物理的な歴史の座標軸のどこに位置するかを吟味する，〈俯瞰〉した視座を持つということである。

一瞬の勝負と知識・経験の総動員

またEは，「臨床というのは一瞬の勝負」と述べつつも，一方で「自分の知識と経験を総動員して，照合して，クライエントの特徴をつかもうとする」姿勢を強調している。心理療法はそのときその人にしか通用しない一回性の勝負であるが，セラピストの直感やひらめきに頼って臨むのではない。それは，自身の知識や経験に裏打ちされた，凝縮された時間と言えよう。よってここでは，〈一瞬の勝負〉との対立概念として〈知識と経験の総動員〉を設け，両者を同時に行う図式とした。この姿勢は，先述の〈想像力〉と〈ジェネラルアーツの必要性〉の関係とも共通している。つまりEは，セラピストが自身の力で〈想像力〉を働かせ，〈一瞬の勝負〉に挑むことを強調しながらも，それが単なるセラピストの主観的な働きかけになることに警鐘を鳴らし，〈ジェネラルアーツ〉や〈知識〉といった，客観的な根拠の必要性を説いている。これはEの，「臨床というのは，非常にやっぱり，知識というのがいるんです。感情だけが細やかに，的確に対象を捉えるって普通思われているわけですけど，思考や知識の裏づけなしに働く感情は，それは私生活の感情なんです」といった言葉にも表れている。

以上のように，セラピストは対立した軸を同時並行的に持つことで，クライエントを〈正確，スピーディに理解する〉ことが可能となる。Eは自身の講演の中でも「パラドックスを生きること」に言及し，人生とは「相矛盾・対立する要素（パラドックス）を，己の中に包み込み，ほどよいバランス感覚を働かせながら統合すべく工夫をこらしながら，生き抜いていくことだ」という考え方を明らかにしている。対立した要素に対する絶妙なバランス感覚がセラピストには求められると言えよう。

メタファーをめぐって

次に，言葉についてのダイアグラム（図9-2）を説明する。Eは〈メタファー〉を使うこと，〈日常的な何気ない会話〉をすることの重要性を指摘している。これら二つの概念は，〈クライエントの主体性を大事にする〉というEの臨床姿勢に由来するものである。

まず，〈メタファー〉については以下のように述べている。

> E：どんな人でも自分のことを対象化して意味づけされたり，あれこれ言われるのは嫌だし，それから，「こういうふうにするといいのに」とか，「こういう考え方もある」というのは，なにか指図されたような押しつけがましさが出てしまいますね。でも，喩えというのは，「この喩えからあなたがどの程度をどのように受け取ろうと，あなたのご自由ですよ」という余裕がちょっと残してあって，それで，一方的に正しい知識を相手から正しく伝授されちゃったというふうにはならないんじゃないでしょうか。
> （中略）
> 　あまり生の言葉で，「あなたがこう言ったけど，それはこうだ」と話すと，説得しているみたいな，そして面接者の考えを何か強要するみたいになりますけど，メタファーというのは，それをどうわかるかは相手の度量に任されていますよね。そうすると，妙

> に指示されたとか，あるいは自分が否定されたとか，持ち上げら
> れたとかっていうのじゃなくて，ほどよい距離を持って，「そう
> だな」と，ある共通感覚で理解できますね。
> Q：そうですね。メタファーにすることで，やっぱり喩えですから，
> 直球で「あなたはどうこう」っていう話じゃなくなりますよね。
> E：人とのやりとりは，評価的にしてはいけないですよね。相手の主
> 体性とか，自尊心を大事にするには。だけどやっぱり，相手の言っ
> ていることにこちらもちゃんと関心を持っているということを伝
> えなければ，何のためにそこに相対しているのかわからないので，
> そういうときにメタファーを使えば，何かそこに通用するものが
> ありますね。

ここでEは，セラピストがクライエントを一方的に意味づけすることに対して疑問を投げかけている。解釈や説得は，クライエントに「押しつけがましさ」を感じさせることになりかねない。これに対し，メタファーは，間接的にそれとなくクライエントのテーマに触れることを可能にする。そこには，クライエントが自由に意味を汲み取る余地，いわば"あそび"が残されている。つまり，それ自体で完結した"閉じた"言葉ではなく，クライエントに意味の"開かれた"言葉である。よって，セラピストからクライエントへの一方的なベクトルではなく，両者の「共通感覚」による理解が可能となる。さらにEは，メタファーを用いる際の工夫として，「この歳の，この人の知的な素質，あるいは生活・文化のあり方はこのへんだなというのを考えて，その人に合ったメタファーを使う」と語り，そのためには「ジェネラルアーツが要る」と述べている。

日常的な何気ない会話

次に，〈日常的な何気ない会話〉について，Eは以下のように述べている。

E：大事なことは，相手（クライエント）からすると，さらっとして，あんまり世話をされていないと思うことがいいんじゃないでしょうか。

Q：ああ，言葉の使い方もそうなんですね。

E：ええ。こんな普通の常識みたいな話をして，「これって何でしょう」くらいでいいと思うんです。すごいインテリであって，博覧強記でかなわないな，なんていうよりは，こんな何気ない会話なのに，でも何だか自分は解放されていって自分の頭は回転しはじめて，何だか自分は意外にいいことに気がつくな，という方がいいんじゃない。

Q：さりげない日常的な言葉で，でも何か気づきがあって，ということですね。

E：あ，そうそう。それはこちらが気づいて，それを相手に提示するよりは，相手が気づくようにさりげなく仕掛けていくんでしょうね。（中略）よくクライエントの人が言うのが，「こんな何でもない，何か普段の生活みたいなことを，ただ生き生きやっているの，これが心理療法ですか」って（笑）それで，私が「じゃあ，眉間にしわを寄せて理屈を言ってみましょうか」って言うと，相手は笑っちゃうんです。（中略）ほんとうは心理療法というのは，何でもない日常のおしゃべりみたいに進むほうが相手は負担が軽いし，いかにも何かされたとか，評価されたってならなくて，自然なほうがいいと思うんですよね。

　心理療法は，しばしばその非日常性が特質とされるが（伊藤，2001），ここでEはむしろ，「何でもない日常のおしゃべり」を提示している。日常会話を交わす中で，クライエントは「セラピストに世話をされた」という意識を持たずに，おのずと気づきを得ることができるという。

村井（1987）は言葉の「サロン的言語」としての側面を指摘している。これは，言葉を話すこと自体が快適であり，快感をもたらすという性質を指すものである。実際の生活を観察すると，一日の生活の中の多くの時間がこのような会話に費やされることがわかる。いわゆる団欒や井戸端会議など，一見すると他愛もないおしゃべりだが，人間関係の潤滑油のような働きをする言葉である。多くのクライエントが，このような無駄話とも言える言葉を使えず苦しんでいる（村井，1987）。Eは，「何でもない日常のおしゃべり」を心理療法の場に導入することで，クライエントに「サロン的」場，いわば安心できる憩いの場を提供していると推測される。

　こうした心理療法は，クライエントの生活から乖離したものではなく，あくまでその延長として位置づけることができよう。日常と面接室の境界が曖昧になることで，両者の行き来がスムーズになり，クライエントが面接室のやりとりを日常にも応用しやすくなると考えられる。

　以上二つの〈メタファー〉と〈日常的な何気ない会話〉は，「（セラピストは）クライエントが見つけたり，気がついて決めるための有効なヒントを出すのであって，結論を提示することではない」というEの言葉に集約される。よってこれらの条件から共通して導き出される帰結として，〈結論ではなくヒントを提示〉という概念を設けた。Eは，「こちら（セラピスト）が気づいて，それを相手（クライエント）に提示するよりは，相手が気づくようにさりげなく仕掛けていくのがいい」と述べている。つまり，セラピストが一方的に「正しい」結論を提示するのではなく，あくまでクライエント自身が主体的に考えていくための有効な手立てを示すということである。

オリジナリティと公共性

　Q：言葉を用いるときの工夫，注意点，また，言葉を用いるとき，どういうことを大切にされているんでしょうか。
　E：そうね。自分の言っていることの意味が自分でよくわかっているかどうかですよね。それは具体的に行動にするとどうなるかと

か，たとえばその状況は，お芝居のある一幕何場にあたるかと
　　　か，描いてみるんです。つまり，自分じゃよくわからないことを
　　　話さない。これはたとえて言うとこうだっていうのが，ぱっと浮
　　　かぶような言葉をちゃんとしゃべる。
Q：でもそれを言うと，自分の言葉を持っていないと。
E：それはそう。
Q：しゃべれないですね。
E：雄弁な人の話なのに，なぜ心に残らないかと言うと，それはその
　　　人のほんとうの言葉になっていなくて，観念として記憶した言葉
　　　を話しているから。（中略）それから次が，その言葉がその状況
　　　や相手に即応しているかどうかです。仮に言葉が自分のものに
　　　なっていても，その状況や相手に適合しないものを自分のペース
　　　で話しているのは独演会でしょう。……言葉って原則として，簡
　　　潔で，明解で，公共性があるかどうかですよね。簡潔で明解で
　　　も，やっぱり公共性がないのはだめでしょう？
Q：つまり自分の言葉を語るのだけども，でもそれは公共性がないと。
E：ちゃんと公共性がないとだめ。あんまり癖のある「ああ，あの人
　　　の言葉」っていうような言葉にはあまりしない方がいいように思
　　　うんですけど。まあそう言っても，私の癖はありますけど。……
　　　学歴や社会経済的な背景や精神文化が違っても，誰が聞いても母
　　　国語として共通感覚がある程度あるということです。奇を衒わな
　　　い。それでいながら，その場にその言葉がオリジナリティを持っ
　　　て聞こえる。
Q：オリジナリティがありつつ，公共性があるということですね。

　Eは言葉を用いる際，「その人のほんとうの言葉になっている」「自分の言葉を話す」ことを強調している。では，「自分の言葉を話す」とはどういうことだろうか。それは，観念として上滑りせず，自らの言葉の意味を具体的にイ

メージできるような言葉を口にすることだという。Eはその著書においても,「自分の使う言葉について,自ら問いかけを十分行い,言葉の内包する意味,具体的な表象についてよく承知していること」の重要性を指摘している。セラピストは,言葉とその表象するものについて,厳密に照合しつつ言葉を選ぶことが求められると言えよう。

しかし,たとえ「自分の言葉」を使っていても,その言葉が相手や状況に適していなければ,ただの「独演会」になってしまう。オリジナリティがありつつも,「簡潔で,明快で,公共性のある」言葉を話すことで,クライエントの精神文化が違っても母国語としての共通感覚を持つことができる。

よって対立概念として〈自分の言葉〉と〈相手や状況に適した言葉〉が導き出され,前者は〈オリジナリティのある言葉〉,後者は〈公共性のある言葉〉という概念につながった。ここでもEは,〈オリジナリティ〉と〈公共性〉という対立する概念を統合しつつ実践することを強調している。

さらに,事例の解釈において,〈現象記述的な言葉〉という概念が抽出された。これについては,事例に基づきつつ,後述する。

その場で生成される言葉

これらの言葉が〈クライエント自身の気づき〉になりうるための介在条件として,〈セルフ・モニタリング〉という概念が導き出された。この概念が抽出されたEの語りを以下に挙げる。

E:もっともな話の内容なのに,相手に響いていないときというのは,話している人が,自分で自分の話を聞いていないで,「これを言うぞ」と一方的に力んで話しているときは,中身がいいものでもその場で相手にとどかないんです。話している人が,自分の話し声をちゃんと聞いて,考えながら話していないときね。たとえば,相手に注意をしなくちゃ,というとき,「そもそもあなたは……」というように,自分の中にステイトメントが出来上がっ

ていて，それをばーっと言っているときというのは，相手に伝わりにくい。もう一方で，言いながらも，耳で聞いて，考えながら話している人は，「あ，この辺で控えようか」とか「もう少しつけ加えて言おうか」と，出来上がったステイトメントを伝授するだけじゃなくて，話している自分をちゃんと聞きつつ話していると，人に伝わるのです。子どもが，がーがー叱られて，なぜ聞かないかというと，「うるさいな，自分が静かにしている間に早く終わったらいいのに」と思って，頭の上を流れていってしまうから。でも，注意する人が「先生も君にどうしたらいいかよくわからないんだけど，今のままじゃだめだと思って，今先生はこう思うんだけど」と考えながら，自分で話していることを聞いて，自分と一部対話をしつつ，相手と話している，そういう話は相手に届くのです。だから，たいていの選挙演説，自分のことを高く自己評価した，上から見おろすようなステイトメントはあまり響かないのね。

Q：ああ，話はもっと，その場で生成されるものでないといけないということですね。

E：あらかじめ内容が想定されていても，でも，まさに今作り出されるという進行形で出てくるステイトメントになりうるかどうか，というのは，話し手が，話している自分の声や中身に聞き入りながら，暗黙の取捨選択の吟味を加えて話しているときだと思います。

あらかじめ用意されたステイトメントをそのまま流していては，相手には響かない。「自分と一部対話をしつつ，相手と話している」とき，いわば〈セルフ・モニタリング〉を働かせつつ，現在進行形で言葉を生成しているとき，それは相手に届くものとなりうる。

Eのインタビューからは，マニュアルやスタンダードを借用することへの批判が随所で見受けられた。上記の語りにも，固定化した，既成の言葉をそのま

ま読み上げることへの批判が込められている。Eは他にも，「クライエントと向き合っているとき，どこかからスタンダードを持ってきて出すのは失礼」と述べている。目の前にいるクライエントに何か言葉を発するとき，それは繰り返しや修復のきかない一回性のものであると言えよう。

マニュアルやスタンダードと好対照をなすのが，Eの主張する〈自分の言葉〉，〈オリジナリティのある言葉〉，〈現象記述的な言葉〉であり，〈セルフ・モニタリング〉である。それはセラピストが，クライエントに開かれていると同時に，自身にも開かれており，いわば，心理療法の"場"，両者の"関係性"に開かれているということである。

II 事例分析

次に，これらの概念に基づきつつ，事例について分析を行う。

【事例1　13歳　男子　高機能自閉症】

　2歳時に自閉症との診断，数カ所の機関で療育を受ける。小学校では受け入れ体制に恵まれ"お客様的存在"ながらさまざまな行動障害を示しつつそのつど何とか乗り越えてきたが，中学入学に伴い校内で孤立，そそのかされてのさまざまな性的いたずら，学業不振，盛り場徘徊，浪費，家庭内暴力などが頻繁となり，母一人来談。孤軍奮闘に憔悴したさまの母親に「新規まき直しにマラソンの覚悟で」と提言。翌週，クライエントはどもりながら，「僕護って，僕真っ青」と必死の表情で訴える。「そう辛いのね，でも私があなたを護ってあげることは無理，いつも一緒にいたり，あなたをいじめる級友にたちむかうことや，あなたのよくない行動をそのつどとめられない，人間に生まれたら，基本は自分で自分を護っていくもの……あなたが自分の力で自分を護れる人になれるよう手助けをしたい……」旨告げると，それまでの強い顔面チックを止め呆然とこちらを見ている。……この日，帰宅したクライエントに母親が「優しい先生でしょう」と話しかけても「ウー，イヤー，ウー」と口ごもり深く考え込む様子であったと。

　（中略）

　筆者とのTAT合作遊び（交互にワン・センテンスずつ作って一つの物語にする）

で，カード14につき，クライエントはある青年が執拗に自殺を試みると述べ，それに対し筆者がとどめるのをふりきりとびおりるという。そこでしめくくりに筆者が「あわやその瞬間，天使が手にした白い花でその青年にふれると，青年はまるまる肥った可愛い赤ちゃんになりました」と終わると，クライエントは明るく大笑。このあと母親に自分がどんな赤ん坊だったか，自分が生まれて母親はどんな気がしたか，幼稚園のとき席を立って歩いてばかりいたのはどんな気持ちだったのか等，自らの生育歴を話題にし，筆者にも小学校時代のさまざまな恐ろしかった体験，そのときの気持ちを語る。こうした過去についての総括をするうちに，性的逸脱行動や乱暴は消失していく。

（Eの著作より抜粋，一部略）

「人間は，自分で自分を護るもの」

「僕護って」と訴えるクライエントに対し，Eは，「私があなたを護ってあげることは無理，……あなたが自分の力で自分を護れる人になれるよう手助けをしたい」と答えている。これについてEは，以下のように述べている。

> E：大切なことは，相当年齢の低い，たとえば日本語が話し始められる3歳の子どもでも，それからときには，言葉が話せなくても，「一所懸命大事なことを簡潔にこの人は言っている」という雰囲気で，重い障害児でも何かしゃっきりするんです。
> Q：そうなんですね。
> E：ええ。
> Q：それは，こちらの話す内容を理解するというよりは。
> E：障害児でも，自分に対して「あなたはあなたで，やっぱりそうやっていることに意味があるわ」って，この人はほんとうに芯からそう思っているんだ，というのは伝わるんじゃないでしょうか。ただやっぱり，よくある「あなたはいい子ね」って，そんなのじゃ駄目で，「他ならない君だ」っていうことを，その人にとって非常にオリジナルな，しかし簡潔な，明解な表現で伝えることです。

一般的に，心理療法における言語的コミュニケーションは，クライエントがある程度の年齢に達しており，一定以上の知性を備えていることが条件と考えられている。しかし，Eは言葉を，子どもや重い障害児にも通用するものとして捉えている。

　こうした言葉づかいにはEの，子どもを子ども扱いせず，障害児をただ障害児扱いせず，セラピストと同等な人間として尊重する姿勢が見受けられる。発達障害に対する一般的な見解について，Eは以下のように述べている。

> E：よく発達障害児というのは全体に未分化で，だから，感情も情緒も未分化で，シンプルで，人の振る舞いとか，言葉から伝わってくる雰囲気とかを，あんまりデリケートに感じてないと思う人が多いじゃない。だけど，それは自分のその不如意な感情を言えないだけであって，むしろ他の健康な人以上にものすごく違和感があるんじゃないかと思うんです。この人の場合，それが自分の中にずっと積っていたんだと思うんです。……障害児っていうのはだいたい，「あなたはね，もうしようがないわね，終生お世話になる人ね」って「障害児」という言葉には共通感覚でそういうトーンが潜んでいますでしょう？（中略）発達障害っていうのは，ずいぶんたくさんいろいろなことを，特質が叙述されていますけど，今言ったような「非常に根本的なことは欠落している人だ」というふうな捉えられ方をされているように思うんですよね。でも，それは違うと思いますね。

　Eは，障害児の言葉にならない，そのため表面にはあらわれないが，内側でくすぶっているであろう「不如意な感情」や「違和感」に想像を及ばせている。たとえば事例1における「自分で自分を護る」といった言葉も，異なるセラピストが異なるシチュエーションで言えば，突き放されたように聞こえうる

台詞である。これに対し，Eは，「彼の激しいどもり方とか，おうちの人がよく世話されてないなっていう薄汚れた身繕いとか，もうほんとうに友達もなくて独りぼっちだと。こんな毎日って何て大変なことかって。そういうのをぱっと見て瞬時に考えているから，それは冷たくはないと思いますよ」と述べている。ここでセラピストは，〈知識と経験の総動員〉によってクライエントの辛さを〈想像〉した上で言葉を発しているため，クライエントにもそのことが伝わるのだろうと考えられる。

クライエントの主体性を呼び覚ます

クライエントに対するEの視線は，障害児に対する「一般的」な考え方とは対照的である。事例1について，Eは以下のように解釈している。

> E：それまでのこの人の暮らしというのは，状況に溺れて，自分の主体がなくて，何かまとまらないもやもやした流れの中で，自分で意識的に意図することなく，そのときそのとき振る舞うのだけれども，それが状況にふさわしくないものになってしまう。でも，どこからどう止めていいかわからなくて，自分っていう主体の感覚がよくわからない状態だったんじゃないかと思うんですね。
>
> ただ，そういうのってとても怖いことだと私は思うんです。自分で自分がわからないって。それが，「あなたはこうなのよ」って言われたので，はっとして，自分というある感覚が戻ったんじゃないでしょうか。
>
> ……まったく新鮮な，これまで出会った人とは違う自分に対する視線を感じたのではないですかね。人間として基本的にイーブンだということです。障害児扱いしていないということでびっくりしたんじゃないですか。
>
> Q：私も読んでいて，それをすごく感じました。
>
> E：そして，どうせ自分はいつも叱られたり，注意されたり，導かれ

たり，治療の対象だっていう，そういう人生をずっと歩いてきたのに，「人間は自分を護るんだ」って，「手助けしてあげるから，自分を護れるようになって」って言われたのよね。「あなたの人生の主体はあなた自身である」って言われたのは，それができるかどうかは別として，でも非常に新鮮な初めてのインパクトのある台詞だったんじゃないでしょうか。
Q：「自分で自分を護る」というのはでも，難しい真実な気がするんですけど。
E：そうですね。

　クライエントは，これまで「状況に溺れ，自分で自分がわからない」という状態だった。そして，「どうせ自分は治療の対象だ」という人生を送ってきた。しかし，Eの「あなたの人生の主体はあなた自身である」というメッセージは，「終生お世話になる人」というこれまでの烙印とは異なる「人間として基本的にイーブン」なものだった。
　事例1でEは「そう辛いのね」とクライエントの心境を〈想像〉しつつ，「でも私があなたを護ってあげることは無理」，「人間に生まれたら，基本は自分で自分を護っていくもの」という一つの真実をはっきりと告げている。それは〈公共性のある〉〈現象記述的な〉普遍的な事実でありつつ，主体性を奪われたクライエントにとって「自分」という存在の重みを実感させうるような，〈オリジナリティのある言葉〉となっている。

「赤ちゃん」への生まれ変わり

　次にTAT合作遊びの中でEが口にした「あわやその瞬間，天使が手にした白い花でその青年にふれると，青年はまるまる肥った可愛い赤ちゃんになりました」というメタファーについて考える。このエピソードについて，Eは以下のように述べている。

> E：彼はもう中学の生活が負担で，自分をもう持て余しているわけでしょう。でもやっぱり，誰からもかわいいって言われるような，そんな赤ちゃんになって，こんな苦労の多い小学校生活や，中学生活をしないで，かわいい赤ちゃんで，他の人みたいに幸せにいけたらなっていう，その思いにぴったりだろうと思ったから，「赤ちゃん」って言ったのよ。
> Q：そうですよね。そうそう，他のケースでもありましたね。58歳の方が，乳首をくわえた赤ちゃんを描いたというケース。
> E：そうなの。あれは，やっぱり万人共通じゃないでしょうか。で，それを「退行欲求」とかって言うと，彼のやむにやまれぬ必然的な願いがぼやけちゃいますね。
> Q：ああ，「治療的退行」とか言いますね。
> 　このケースですが，何というか，自殺っていう状態から，何かまさに生まれ落ちた赤ちゃんになったようですよね。
> E：まあほんとうに，生まれ変わりたいぐらいに彼はもう，大変だったんじゃないでしょうか。
> Q：ほんとうに生まれ変わったみたいじゃないですか，ここで。
> E：まあね，そうでしょうね。

　Eは，現在の生活を持て余しているクライエントの大変さを慮（おもんぱか）り，「誰からもかわいいって言われるような，そんな赤ちゃんになりたい」という願望を〈一人称的な視点〉によって〈想像〉している。Eは著作において他の事例（58歳女性・Aさん）でも，画用紙いっぱいに赤ちゃんを描くクライエントに対し，「Aさんにもこんな赤ちゃんの時があったのだ，否，人は誰でも，嬰児が受けるような無条件の受け止めを望んでいるのだという考えが筆者の脳裏いっぱいに広がる」と述べている。
　クライエントは，自殺しようとした矢先，「まるまる肥った可愛い赤ちゃん」

に生まれ変わってしまった。死と再生のテーマを彷彿とさせるエピソードである。しかしEは，この現象を「退行欲求」や「治療的退行」といった概念では捉えていない。そうした既成の概念と異なる〈オリジナリティのある言葉〉で語っているからこそ，クライエントに響く言葉となりえている。このことは，以下の語りにも表れている。

Q：これはぱっと思いつかれたんですか。「あわやその瞬間」って。
E：ええ。でも，「こうすればこうなるだろう」と，そんなふうに将棋で言うところの二手も三手も先まで読んでいるわけではないんです。ただ，「たぶん，きっとこう言ったら，この人の気持ちにかなうだろうな」という，それは考えていますけど。
　でも，やっぱり何か言うとき，行動するときって，おののきがありますよね。おののきがあることがインパクトなんじゃない。そんな手慣れた，「こういう人はこうやって扱えばいいわ」っていう，それは要するに手垢のついたものになりますね。
Q：そうですね。マニュアルどおりの。
E：そう，そういうアプローチは，あんまり相手にインパクトがないのね。……いっぱい手垢のついた知識とか方法を，古いものを，また出してきてやるのはね。もちろん，相手に何か行動するときには，その根拠になる知識とか経験はあるけども。でも，やっぱりこの人に対してオリジナルに適用するときって，果たしてどうだろうかと考えて準備や見通しはあったとしても，心配と緊張はあります。でも，こういうおののきがあるということは，その時間，その時間をまさに生きていることでしょう。

「あわやその瞬間，……赤ちゃんになりました」というEの言葉には，生き生きとした即興性がある。「手垢のついた知識や方法」を持ち出すのではなく，

「おののき」を抱えつつ〈一瞬の勝負〉に出るからこそ，言葉にインパクトがこもるのだろう。

濃縮されたリグレス体験

「彼はあったかい，抱きとられるような，濃縮されたリグレス（regress）体験をしたんでしょう」とＥは解釈している。それまでのクライエントは，日々の辛い生活に圧倒され，過去をふり返るようなゆとりを持ちえなかった。しかし，このエピソードを転機として，時間と空間の中の自分の位置づけを顧みる余裕が生じたのである。「濃縮されたリグレス体験」を通して，自らの生や幼少期について思いを馳せるようになったと言えよう。Ｅはその著書において，「被面接者が何らかの肯定的な意味を持つ心理的転機を生じる上で，子ども時代をイメージの中で想起している」ことが多いと述べている。その上で，「被面接者は想起したイメージの中で，葛藤が比較的少なく自分の生を肯定していた自分を想起再体験しているようでもある。そして，自分も慈しまれる存在である，という再認をそっとしようとしているかに思われる」と指摘している。事例でのクライエントもまた，「自分の生を肯定していた自分」「慈しまれる存在としての自分」を再確認しているようである。

さて，ここで事例１の二つのエピソードを比較して検討したい。事例１の前半において「私があなたを護るのは無理」とセラピストが言うとき，セラピストはクライエントの辛さを想像するという〈一人称的な視点〉を持ちつつも，「あなた」としてのクライエントに話しかけており，〈二人称的な視点〉に立っている。ここでは，クライエントとセラピストは，分離された，"私"と"あなた"の関係である。しかし，後半のＴＡＴ合作では，両者の分離は確かにあるものの，セラピストはクライエントの「赤ちゃんになりたい」という願望をイメージの中で実現させており，より〈一人称的な視点〉に立っている。つまり，「自分で自分を護る」という自立した個人として，クライエントの主体性を呼び覚ました上で，なおかつ，一時的に「まるまる肥った可愛い赤ちゃん」になることも認めているのである。ここに，複数の視点を自在に動かしつつ，クライエントの退行と自立の双方のあり方を可能とするＥのバランス感覚を

見ることができよう。

次に，事例2について分析する。

【事例2　23歳　女性　醜形恐怖】

剃刀で手首を切る，拒食傾向，戸外へ出られない，器物を破壊，離人感，時に幻聴や体感異常。

- **母親の初回面接で語られたクライエントの現病歴**

　クライエントは終日部屋にひきこもり，食事も日に一度。それも果物を少量と牛乳半合位。丸顔で，ヤセは外見上それほどでもない。中学時代からニキビがひどく，皮膚科も受診してきたがひどくなる一方で，ニキビあとを消す美容整形を4カ月前受けたが，小鼻の脇の直径5mm位の窪みに肉が盛り上がらず，頬のしみも消えず，結局術前より醜くなったと閉じ籠もりや暴力がひどくなった。家族とほとんど口をきかないが，異様に敏感，壁越しにこちらの感情を感知しているふうでオドオドして暮らしている。

- **クライエントとの初回面接**

　（面接前，受付で泣いて逃げ出すクライエントをセラピストが追いかけなだめて，面接室に戻ってくる顛末が描かれる。）

　母親と妹を待たせて，クライエントと面接室で二人になる。前髪が伸びて眼を覆い尽くしているが，かきあげようともしないまま，うつむいている。しかしその前髪の隙間ごしに自分の眼は他人に見せないが相手の表情は窺っている気配。〈さっきは帰りがけを無理にとめたみたいでごめんなさい，でも，通行人の人目のない所で，あなたの考えを決めて欲しかったの〉「私の考え？　そんなの何もなくって，自分がなくって，みんなまわりの人が決めてきたから，のろまのろまと言われ通しだったから」〈そう，でもここで自分はそういう人間だって話してるあなた自身がいるでしょう，まわりの人が決めてくれたから考えることしなかったのかも〉「お勤めもできなかったし……」〈適職じゃなかったからかも……〉「でも，私の周りじゃ大卒女子はスチュワーデス，秘書，大手銀行員になるのが普通だもん」〈どうして〉「……考えてもみなかった」〈そういうこと自分でここで考えていったら……〉

　花屋の奥のケースの中の蘭やバラだけが美しいのだろうか，朝露に濡れた野の花など他に替え難い美しさがあると思うけど，人もそれぞれ自分をみつけて育てることだと思うと語る治療者に，クライエントはいつか顔をあげて少し髪を分けて見入っ

ている。……イギリス文学は暗いから読まないときめつけるのに、アメリカ文学にも社会派や深刻な作品が少なくないこと、アイルランドやスコットランドに作家が輩出しているのはなぜだろうか、明暗で片付けられない奥深い作品の多いこと、その他風土と芸術の話をするとまじろぎもせず聴き入っているクライエント。これからの生活を生きやすくする手だてを一緒に考えたいがと問うと、鏡ばかり眺めて自殺の方法を考えていたがまた来てみると話す。

(中略)

　クライエントの2回目の面接に先立ち来談した母親が以下のように語る。クライエントは、1回目の面接の帰途「She is the first woman I've ever met.」と涙を流しながら妹に語りかけ、妹も「I really think so!」と答え、二人は夢中に英語で話し合っていた。しかも半年ぶりに翌日母娘三人と母方祖母と連れ立って外食できた。……クライエントは治療者こそ、自分に人格を認めてくれた初めての人だ、大好きと言っている。

- **クライエントとの2回目の面接**

　髪を整え、ややこざっぱりした印象で来所。

　飼猫ラバレットが後足で立ち、流し台を覗いている写真を持参。(飼猫の名ラバレットは1回目の渡米中に家族揃ってよく出かけた海辺の名称、潮流が沖でぶつかっていて海面の色が鮮やかに変わり波荒い。)治療者から、自分も動物好きであること、飼猫の名の由来がユニーク、遠浅で波静かなんていう所でないのが面白いというのに、思わず二人で声をたてて笑う。「声たてて笑ったなんて何年もなかったみたい。そーっと黙ってきた、こわいこと話していい?」治療者は黙って頷く。

(中略)

　3歳半頃のこと、母親が大勢の客と笑いさざめいていて、自分は忘れられている、母親の坐っているテーブルの下にもぐり込み、フライドチキンをかじっていた……、自分の手で自分からむさぼり取らないとダメなのだと焦っていた。

(中略)

　小3、母親と道を歩いていたら、男の子たちが仔犬をなぶり殺している場に行きあった。怖くて哀れで母親に止めてといったが、母親は見て見ぬふりをして通り過ぎた——この時、護ってくれない人なのだ、遠い人なのだという感覚がくっきり浮かんだ。

(中略)

日航，ジェトロ，K銀行の試験に失敗したが，K銀行へ母方伯父の力で入った。勤め始めるとニキビがひどくなり，生理が止まった。人の咳ばらいが全部自分へのあてこすりに聞こえ，朝起きられなくなった。始めは妹が励ましてくれていた。しかし，その妹が父母からみれば問題にならない相手と恋愛し，外泊するようになり，あげく1年に2回中絶して母親が半狂乱になったことで，自分が動きがとれない気分になり，いく度も手首を切ったが死ねなかった。
　〈死にたい，それほど心もとない，怖いということかしら，でもその裏には生きているなら，生きているらしい生活したいってことのようにも思われる……〉という治療者の言葉をクライエントは強く肯定して，「こういう話，今までは部分しか話さなかったが，母親や治療者たちはsymptomsとしてのみ聞いていた。先生はsymptomsとして聞いてもいるけど，私のpersonal experiencesとして聞いてくれてるから，何か楽になる……」と語る。
　（この面接の後，妹や両親も来談し，数年のセッションを通して，家族全体の機能が回復していく。）
　（Eの著作より抜粋，一部略）

否定できないエビデンス

　この事例は，クライエントのみならず母親や妹，父親を含めた家族成員への心理療法を記述したものであるが，本研究では上記のクライエントに焦点をあてて考察していく。面接に抵抗を示すクライエントに，「あなたの考えを」と尋ねると，「私の考え，そんなの何もなくって」と答えている。それに対してEは，「でもここで自分はそういう人間だって話してる，あなた自身がいるでしょう」と告げている。この言葉について，Eは以下のように述べている。

> E：それは誰が見ても否定できない事実なんです。だって「私には自分がない」っていうのは，立派な言説じゃない。自分のことを自分がないっていうのは，すごい中身だと思いませんか。ほんとうに深刻なことだし，大変なことで。そんな大事なことを言っている，そういうあなたはそこにいるじゃないっていうのは，もう誰

も否定できないんです。
　　エビデンスってそういうことだと私は思うんです。誰も否定できない確かなことを簡潔明解に捉えることが、エビデンスのアルファでありオメガだと思うんですけど。
Q：ああ、そうするとクライエントは、そう言われると。
E：否定はできないですよね。
Q：否定できないですよね。うーん。
E：それから、「あなた、自分がないなんていうことはないじゃない」って言われれば、嬉しいようだけど、でもせっかくそう思っているのに何か変な気もしますよね、否定されたような。
Q：はい、それはそんなに簡単に言えないですよね。
E：ねえ。やっぱりその人は「自分がない」って言っているんだから。だけど、「自分がないと言っているあなたがいるじゃない」っていうのは、誰が聞いても否定できないニュートラルな台詞ですよね。
Q：そうですね。
E：はい。基本的にはニュートラルであることが大事だと思うのです。

　Eは、クライエントの意見を否定して「そんなことない、自分がないなんてことはないでしょう」と励ますでもなく、淡々と、「そういうあなた自身がそこにいる」という事実を現象記述的に述べている。自身の存在を否定しながらも、否定するという主体自体は紛れもなくそこに存在していることに、クライエントは気づかされたのではないかと思われる。Eはそのことを、一つのエビデンスとして指摘している。
　この後、Eは花の話、英文学の話をする。一見、他愛のない〈日常的な何気ない会話〉だが、実は示唆に富んだ〈メタファー〉となっている。これについては解釈の部分で後述したい。

「死にたい」の向こうの「生きたい」

次に，2回目の面接でのエピソードについて，Eは以下のように述べている。

> Q：死にたい，でもその裏には生きたいっていうのが見えましたか。
> E：それはだってそうじゃない。手首を切りながら，どうしてじゃあ，美容整形するの。よりよく形が整って出直したいと思っているわけでしょう。それに，初めて会ったときのやりとりで，ああいう反応するっていうのは，この人のアンテナってやっぱりちゃんと働いているし，これだけ働いているということは，何か単純に一方だけを見ている感性ではないなと，もう最初に会ったときに思っていたんです。

Eはクライエントと対面しながらも，その背景にある情報を総合的に捉えている。目の前のクライエントに〈焦点化〉しつつ全体を〈俯瞰〉して，〈知識と経験の総動員〉を行っているのである。

Eはここで，クライエントの「死にたい」という言葉の裏にある，「生きているなら生きているらしい生活したい」という気持ちを〈想像〉して言葉にしている。クライエントは，セラピストのこのような〈一人称的な視点〉を感じるため，抵抗を示さず，強く肯定したのだろう。そして，「先生はsymptomsとして聞いてもいるけど，私のpersonal experiencesとして聞いてくれてるから，何か楽になる」と述べている。これまで，「母親や治療者たちは，（自分の話を）symptomsとしてのみ聞いていた」。クライエントを対象化して〈三人称的な視点〉で見るとき，その話はsymptomsとして聞かれることになる。しかし，Eは〈三人称的な視点〉を持ちつつも，同時に，「私のpersonal experiencesとして聞いてくれる」すなわち〈一人称，二人称的な視点〉も持ち合わせてクライエントの体験に寄り添っている。マニュアル通りの概念や理論を借用せず，〈オリジナリティのある言葉〉で語りかけるセラピストに対し，

クライエントは personal な存在として遇されているという実感を持ったものと思われる。

　二つの事例において，E は「自分で自分がわからない」（事例1）「私には自分がない」（事例2）と主体性を失いかけているクライエントにもその萌芽を認め，「自分という感覚」を呼び覚ましている。その言葉は，いわゆる解釈や説得ではなく，現象記述的な語りであり，ニュートラルな真実である。また，〈想像力〉と〈ジェネラルアーツ〉に裏打ちされた豊かな〈メタファー〉によって，あるときはクライエントに「濃縮されたリグレス体験」をさせ，あるときは新しい視点を提示している。いずれも，押しつけがましい言葉ではなく，控えめな表現を用いて，〈結論ではなくあくまでヒントを提示〉するにとどまっている。こうした言葉づかいそのものが，クライエントをして，主体的に自分自身や状況について考えさせる有効な手立てとなっている。

　セラピストとクライエントは，その非対称性が特質としばしば指摘されるが，ここでは，むしろその対称性が際立っている。E は専門家としての権威にこだわらず，〈想像力〉によって〈一人称的な視点〉を持ちつつ，クライエントと同等な立場で接している印象が強い。その視点を感じるからこそ，両事例において，クライエントは「障害児扱いされていない」「symptoms として見られない」，一人の人間として尊重されているように感じるのだろう。

III　インタビューと事例の解釈

ニュートラルな語りと佇まい

　まず，E の語りの特徴について述べたい。E のインタビューでは専門用語がほとんど使われなかった。口調も淡々としており衒いがなく，主張というものが感じられない。「E が」語っているというより，あるものごとが，たまたま E という"媒介"を通して語られている，そうした印象すら受ける。誤解を恐れずに言うならば，"我"というものが感じられないのである。

　その佇まいも不思議である。風景の一部のようにとけ込んで，自然とそこにいる。にもかかわらず，E がいるだけで，部屋の空気が変わる。ギラギラして

いないのに，さりげない存在感がある。

　Eはインタビューの随所で治療者が「ニュートラルであること」いわば「中立性」を強調している。中立性について，森岡（1989）は以下のように述べている。

　　中立性とは語源をたどれば，「どちらでもない」ということだ。「相手でも<i>なく</i>，私でも<i>ない</i>」そんな地点に立つといえばよいのか。（中略）自分の中に二つの視点を同時につくり出さねばならない。その二つの点のどちらにもとどまらず（位置の中間性）同時にどちらでもある（役割の両面性）そんな状態である。

　矛盾した要素をバランスよく統合させていく臨床観については既に述べたが，Eの存在自体が，こうした「ニュートラルさ」をまさに体現しているようである。以上のようなEのあり方を念頭に置きつつ，事例について分析する。

【事例1】の解釈
厳しい現実の直面化
　Eは「そう辛いのね」とクライエントの心情を察するが，その直後に「でも私があなたを護ってあげることは無理」とはっきりと告げている。そして，「人間に生まれたら，基本は自分で自分を護っていくものなの」という一つの真実を伝えている。Eの潔さと厳しさが垣間見える。

　"出会い"という最初の段階で，Eは，クライエントに厳しい現実を直面させると同時に，セラピスト自らの限界を提示し，依存を助長しないようにしている。セラピストが陥りやすい感情として，「『何とかしてあげたい』というクライエントへの過剰な思い入れ」がしばしば指摘されている（中本，1997）。そして，心理療法はしばしば，「なんとかしてほしい」クライエントと「なんとかしてあげたい」セラピストの，相互の気持ちが反響し合う場になりやすい（氏原，1997）。仮に，「護って」というクライエントに対しセラピストが"そうね，護ってあげる"という態度をとればクライエントはセラピストに頼りきってしまい，クライエントの主体を奪うことになりかねない。しかしEは，毅然とした態度をもって，そうした依存的な関係に陥ることを避けている。セ

ラピストに，自身の"優しい"セラピスト像を死守せずともよいという潔さがなければ，このような言葉を発することは難しいだろう。現に，クライエントは，この日家に帰って，母親に「優しい先生でしょう」と言われても，「ウー，イヤー」と口ごもっている。

「セラピストがクライエントを護る」というとき，セラピストは護る人であり，クライエントは護られる人である。そのときクライエントは受動的な存在であり，両者は非対称的な関係にある。セラピストはクライエントの"外部"にあってクライエントを護る存在である。しかし，クライエントが「自分で自分を護る」というとき，クライエントは自立した主体である。そしてセラピストは，"外部"としての存在というより，クライエントに内在化され，クライエントを下支えする"内部"の存在となりうる。「自分で自分を護る」というEの言葉は，クライエントに内在化され，クライエントが一人のときにも当人を支える言葉となりうると思われる。いわばEは，護る／護らない，の対立項に組み込まれず，"器"としてクライエントを包み込む存在となっている。

さらに，Eは「人間に生まれたら，基本は自分で自分を護っていくもの」と述べており，健常者と障害者を区別することなく，「人間」という言葉でひとくくりにしている。ここで，障害者―治療者という非対称的な図式が動いて，セラピストもクライエントも「人間」という同じ地平に立つことになる。

現実からファンタジーへ

次に，TAT 合作をめぐるエピソードについて考察する。Eのメタファーには躍動感があり，情景が目に浮かぶようである。ここで，クライエントの緊迫した破壊衝動が一挙に緩和されて「大笑い」している。クライエントは自殺しようとしたら，天使にふれられ，「赤ちゃん」に退行してしまった。まさに，死から生への転換が起こっている。赤ちゃんのように大切にされたい，というクライエントの願望が触発されたのだろうか。

「自殺を試みる青年」はセラピストがとどめても，ふりきって飛び降りるという。クライエントの破壊的な衝動は，それほど強く深刻なものだと言えよう。Eは最初自殺を「とどめる」立場をとるが，執拗に自殺を試みるという

「青年」に対し，いったんその「とびおり」を受け入れようと腹をくくっているように思われる。しかし，青年をそのまま死なせるわけにはいかない。ストーリーの展開として，"飛び降りたが運よく助かった""死なずに済んだ"というレパートリーもありえたかもしれない。しかしそれでは，消極的に「死ねなかった」という結末を導くだけで，クライエントの破壊欲求は達成されず，かえってフラストレーションが募るばかりである。

　そこでEは，発想の転換をしているように思われる。破壊衝動をただ阻止するのではなく，それを受け入れた上で，破壊ではなく生産的な方向に転換させている。ここで「天使」が登場している点が興味深い。仮に，飛び降りた「青年」をセラピストが受け止める，といったストーリーであれば，セラピストが救世主になってしまう。しかし，Eは「天使」という天上的な，架空のキャラクターを登場させている。天使は生や死を司る存在である。「天使が手にした白い花でその青年にふれる」という表現からは，神秘的で幻想的な印象を受ける。Eはその舞台を，「自殺」という生々しい現実から，生き生きとしたファンタジーの世界に移行させているのである。このメタファーは，破壊衝動を緩和させると同時に，"あなたの「自殺」は，現実のものではなくて，あくまでファンタジーのものなのですよ"というメッセージになりえている。

　天使にふれられて，青年は「まるまる肥った可愛い赤ちゃん」になる。「天使」のイメージに「赤ちゃん」のイメージが重なり，"天使のような赤ちゃん"が印象づけられる。天使は羽を持っているが，天使と同様に，ここでは「赤ちゃん」もまた引力から自由な存在に思われる。クライエントはこれまで，障害やいじめなど，さまざまな"引力"の中で苦しみ，がんじがらめになっていたのではないか。しかし，イメージの中で赤ちゃんになることで，一瞬，現実的なしがらみから自由になり，大笑いしてしまったと推測される。

　事例でクライエントは，自殺しようとした矢先，「まるまる肥った可愛い赤ちゃん」に生まれ変わってしまった。クライエントはイメージの中で"死と再生"を体験しているように思われる。かつて皆に大切にされた赤ちゃんだった自分，あるいはそうありえたかもしれない自分の幼少期の感覚が，概念としてではなく，体感を伴う鮮やかなイメージとして，クライエントの中に沸き起

こったのだろう。

ファンタジーの世界から再び現実へ

　この後クライエントは，自分はどんな赤ん坊だったか，自分が生まれてどんな気持ちがしたか，と母親に尋ねている。自分が望まれない生を受けたと感じている限りは，このような質問はできないだろう。先のエピソードで，"天使のような赤ちゃん"に生まれ変わったからこそ，自分の生に価値を見出すきっかけになったと推測される。このような原点に立ち返ることは，自分がこの世に生を受けたことを肯定し，ひいては自分の今の存在を肯定することにつながるだろう。クライエントにとってこの体験は，一つの転機となりえたと思われる。

　事例1において，Eは「私があなたを護ってあげることは無理」と現実レベルで距離を置きつつ，TAT合作という象徴レベルでクライエントを「赤ちゃん」として受け止めている。クライエントはEのことを「優しくてこわい，一言ではいえない人」と評しているが，TATで起きた「退行」がエスカレートして依存的にならずにすんだのは，最初の段階でEが限界を提示した布石に依るところが大きいと思われる。現実レベルと象徴レベルという視点で見たとき，Eはそれぞれの線引きを明確にし，両者を使い分けると同時に，二つの領域の"つなぎ手"の役割も果たしている。TATという象徴の中で「赤ちゃん」に生まれ変わった後，クライエントが真っ先に行ったのは，自らの生について母親に問うということだった。すなわち，対象がセラピストから母親へ，場がファンタジーから現実へ，と移行している。ここに，象徴の世界だけで完結しない，クライエントの具体的な"生活"へとつなげていく技法が見られる。

【事例2】の解釈
内なる"woman"との出会い

　次に，事例2について考察する。初回面接でクライエントは「前髪の隙間ごしに自分の眼は他人に見せないが相手の表情は窺っている」。自分を「見られたくない」気持ち，警戒心や猜疑心と同時に，Eに対するわずかばかりの好奇心のようなものが伝わってくる。「あなたの考えを決めて欲しかった」とクラ

イエントの主体性を促すEに対し，クライエントは，「私の考え？　そんなの何もなくって」と語っている。しかしEは，「そう，でもここで自分はそういう人間だって話してるあなた自身がいるでしょう」と食い下がっている。「自分がない」と語るクライエントに対し，Eは"いいえ，あなたは確かにそこにいます"とその存在を証明しているかのようである。

　クライエントの語りは，「みんなまわりの人が決めてきた」「のろまのろまと言われ通しだった」「お勤めもできなかった」と過去形が多く，これまでの固定した生き方にとらわれている様子がうかがえる。それに対してEは，「そういうこと自分でここで考えていったら」と，"今，ここ"に視点を引き寄せている。

　また，クライエントの語りから，その主体性が失われている様子がうかがえる。「自分がなくって」「みんなまわりの人が決めてきた」と語っており，さらに，「私のまわりじゃ大卒女子はスチュワーデス，秘書，大手銀行員になるのが普通だもん」と述べている。「まわり」の意見に翻弄され，「まわり」の生き方に流されて生きてきて，いわゆる「普通」の価値観にとらわれているクライエントの様子が表れている。そして，そうした人々に対する不信感が垣間見える。しかしEは，クライエントが「普通」と思っている価値観に「どうして」と疑問を投げかけている。そこでクライエントは「考えてもみなかった」と返事に窮している。Eは，これまで出会ってきた「普通」の価値観をもった「まわり」の人々とは違う人種らしい，ということにクライエントは気づき始めたようである。これまでクライエントは，「まわり」に侵食され自分の存在が「ない」と感じるような人生を送ってきた。しかし，Eは，"自分"という焦点づけをそのつど行っている。

　花屋の蘭やバラと野の花，「明暗で片づけられない」文学作品，Eのこうしたメタファーは，クライエントの「美醜」「明暗」といった二元論に対してニュートラルな視点を提示するものである。一見すると目立たず地味なものに対して，一般的な基準では説明できない「美しさ」と「奥深さ」を認めている。Eはメタファーを用いつつ，クライエントのテーマに間接的に触れているのである。

このセッションの帰途,「She is the first woman I've ever met.」とクライエントが語るとき,そこには二重の意味が込められているように思われる。一つは,字義通り,Eがこれまで出会った人と違う,新しい存在であるということ。もう一つは,クライエントが内なる"woman"に出会ったということであり,自らの女性性に気づき,それが目覚め始めたことを示唆するものと思われる。

日常の断片,生活のディテール——クライエントの語りの変化

2回目のセッションで,クライエントが前髪を整えてきているのは,Eに対し警戒心が解けたことと,自尊心が芽生えたことの一つの証のように思われる。飼猫の写真も持参し,どこかEの反応を試しているかのようである。飼猫の名は家族との貴重な思い出が込められたものであり,セラピストがそれを肯定したことは,クライエントの人生が受容されたことを表している。そこで笑いが生じ,おのずと人生が語られるきっかけになりえたのではないか。ひとりテーブルの下でフライドチキンをかじっていた記憶,道でなぶり殺されている仔犬を母親が見過ごした記憶。紙面の都合上,二つの語りに絞ったが,クライエントの触れた空気,過ごしてきた時間が淡々と,しかしヴィヴィッドに語られている。それは人生の大きなイベントというよりむしろ,日常の断片であり,生活のディテールである。事実に基づいた,リアリティのある語りであり,同時にメタフォリカルな描写となっている。クライエントにとって象徴的なエピソードが,時系列で挙げられている。

最初のセッションにおける「のろまのろまと言われ通しだったから」といった語りに比べ,このセッションではクライエントの口調が変化している。前者は一人称的な語りであるが,後者は現象記述的な語り方である。クライエントの立つ視点も変化している。「鏡ばかり眺めて自殺の方法を考えていた」のが,自分とのあいだにしかるべき距離が生じ,これまでの歴史をふり返るという俯瞰した視点に立っている。自己像も,最初のときのようにデフォルメされた印象を受けない。あたかも,Eのニュートラルな語りや相対的な視点自体が,いつのまにかクライエントに取り込まれたかのようである。

personal なものが響き合う場

　クライエントは基本的存在の不安を話した後，手首を何度も切ったけど死ねなかったと告白する。これに対しEは，「死にたい，それほど心もとないということかしら。でもその裏には，生きているなら生きているらしい生活したいってことのようにも思われる」と述べ，クライエントは強く肯定する。ここでEは，クライエントの「死にたい」という言葉の裏にある"生きたい"という気持ちを汲み取っている。
　この際のセラピストの言い回しについて，インタビューで以下のように触れた。

> Q：臨床家って「あなた」っていうのを主語にすることが多くて，「あなた，ほんとうは生きたいんじゃないですか」とか，「あなた，でもほんとうは死にたくないんじゃないですか」って言うことが多い気がするんですけど。臨床家の常として「あなたは」，「あなたは」という言い回しが多い。でも先生の言葉って，「私にはこう感じられますけど」っていう，そういう素朴な言い方なんですよね。
> E：そう。
> Q：だからここでもし，ちょっと違う言い方になって，「あなた，でもほんとうは生きたいんじゃないの」って言われたら，「いや，私は死にたいんです」って拒絶されそうなのに，先生の言い方が，「いや，私にはこういうふうに思えるけど」っていう，あくまで先生の気持ちの吐露みたいな感じだから，相手に響くんじゃないでしょうか。
> E：対話というのは本来そうあるべきものでしょう。相手は一個の人間ですから強要してはいけないし，あんまり何て言うか，いきなり詰将棋の決まりのように，ばちって打つよりは，その人が考える余地を残すということが大事ですよね。やっぱり，その人が見つけたり，気がついて決めるための有効なヒントを出すのであっ

> 　　て，結論を提示することではないと思うんです。
> Q：ああ，なるほど。「あなたはこう」って言うと，もうそれは結論を提示することになって。そうすると，主語を奪っちゃうんですね。
> E：そう，そう。

　「私には……ということのようにも思われる」という言い回しは，セラピストの考えが一つの考え方にすぎず，"そのようにも"思われるが，"他のようにも"ありうるのであり，クライエントがその言葉に対し，反駁したり反論する余地が残されている。セラピストの言葉はあくまで相対的な一意見にすぎない，という姿勢が見受けられる。
　この後クライエントは，「先生は私の話を symptoms としてではなく personal experiences として聞いてくれる」と述べているが，クライエントは，自身が無機的な医療分類の網目に投げ込まれることなく，オリジナルな個人の体験として尊重されていると感じたのだろう。Eから自分も動物好きであることが告げられ，飼猫の名の由来についての感想を受け，大笑いした後にこの personal な歴史が自然と出てきている。いわばEの personal なものに賦活（ふかつ）されるように，クライエントは「そーっと黙ってきた」personal なものを安心して見せられるようになるのである。クライエントはEとの出会いを通して，自らの内なる "woman" と出会い，自らのささやかな personal なものに価値を見出している。

何気ない言葉のやりとり──「生活」という視座

　さりげないために見落としそうになるが，事例2における花と文学の話，飼猫をめぐるやりとりが，Eの心理療法の一つの要なのではないかと思われる。これらの語りは，クライエントの問題を直接取り上げたものではない。一見，治療とは直接関係のない，他愛のない話である。なにか直面化を行ったわけでもなく，積極的な解釈をしたわけでもない。にもかかわらず，その直後，クラ

イエントに変化が生じている。

　Eの表現もごく日常的である。常識的な，当たり前の言葉で語っている。それに感化されるように，クライエントの言葉づかいもまた，ごく日常的な表現へと変化している。クライエントは心の病という"非日常"の次元から，セラピストとのやりとりを通して"日常"という地平におのずと立っている。「醜形」という歪んだ自己像や世界観から，何気ない生活へと視点が移っている。この事例では，クライエントを起点として，きょうだいや両親など，家族全体が変容を遂げていく。

　Eはその著書で，「疾病は完全に治癒し得なくても，そういう条件を抱えて少しでも生きやすくするにはどうするか，……その『生活』のあり方を時間軸と空間軸の中で捉えること，全体的視野をもって捉えることが生きにくさを和らげるのに有意味だ」と述べているが，「生活」を重視する臨床観が，この事例の通奏低音として流れているように思われる。

水が魚を支えるように——二つの事例を通して

　最後に，二つの事例をふり返り，その共通項について考察する。

　両事例において，Eは「あなたは……なのですね」という解釈めいたことをほとんど行っていない。むしろ，「私があなたを護ってあげることは無理」と告げ（事例1），メタファーを用いつつ「それぞれ自分を見つけて育てること」について語り，クライエントの希死念慮に対しては「（私には）……ということに思われる」と伝えている（事例2）。

　心理療法では通常，クライエントがセラピストに話し，自己開示し，セラピストはそれを聴き，受け止める。一般的に共感・受容と言われるものはそうした形をとりやすい。このとき，クライエントが能動であり，セラピストは受動である。しかしEの事例では，この能動と受動がむしろ逆転している印象すら受ける。語るセラピストと，それに聞き入るクライエントという構造が見られる。そして，セラピストが積極的に自らを開示し，それを機にクライエントが主体性を取り戻す，という運動が起きている。

　これは一見すると不思議な現象である。セラピストが多くを語っているにも

かかわらず，いつの間にか主体はクライエントに移っているのである。Eはあまり隠し立てすることなく，「私は，……と思う」と素直に自らを開示している。このことについて，インタビューでの以下の語りが関連しているように思われた。

> E：私の言葉で言えば，素材としての自分（セラピスト）をそこに，ありのままに提供するようなことが基本にあるんじゃないでしょうか。相手を生かすために自分が舞台になっているような。でもその舞台は作為的な方向性とか，どこか一方向に視点を向けたものというよりは，相手が舞台の上でいかようにありたいか，というところに重点を置いて，その相手がありたい方向に自分を使うのであれば，「どうぞ使ってください」というような。素材っていうのはそういうことですよね。
> Q：それってものすごく「私」というのが括弧に入ってないと，できないですね。
> E：シンプルマインディッドで，何も考えないでいいようにどうぞっていうよりは，ほんとうはすごく考えているんですけど。でも，この場を私の考えで仕切るよりは，私なりに，何か事があったり進行については責任を持ちますけど，あなたの主体性をできうるかぎり大事にしたい，そういう目的でどうぞこちらを使ってください，というのが素材ですよね。

Eは自らを素材としてクライエントに差し出すと言う。このとき仮に，セラピストの"我"があれば，操作性や意図が働き，抜き差しならぬ関係になるだろう。しかし，この章の最初で触れたように，Eには"我"というものが感じられなかった。青木（2006）は「治療とはセラピストのプレゼンスである」といった趣旨のことを述べているが，E独自の自然でニュートラルな存在や語り

が，ここで臨床的な意味合いを帯びてくる。

　バリント（1968）は，「大地や水が己の体重を安んじてあずける者を支え返してくれるように，患者を受容し支える」と述べているが，Eはまるで「水が魚を支えるように」自然にそこにいる。セラピストの存在自体が"場"や"器"，あるいは"舞台"として機能している。Eはクライエントに多くを語るが，それはセラピストの"主張"ではない。水は，無色透明で，その中に存在するものによって，自在にその形を変える。Eも水のように，素材として，媒介として"いる"のである。セラピストの語りは，自らについて語るというより，あくまで自らを通して，クライエントが語りえないことをそれとなく代弁したり，イメージやメタファーを用いてクライエントの姿を映し出したりしている。クライエントは，セラピストという媒介を通して徐々に自分の言葉を獲得していく。この点で，Eは能動的でありつつ，限りなく受動的である。あるいは，能動という形をとった受動とも言えるだろう。

　セラピストの言葉はこうしてクライエントに内在化されるのだが，クライエントには自分自身の言葉として認識されている。そのため"セラピストのおかげで治った"という意識ではなく"自ら言葉を獲得し，自ら治る"という構造となっている。クライエントはセラピストという"場"を得て自由に振る舞えるようになり，主体性を取り戻すのである。

　Eはクライエントに対して，事例1では「自分で自分を護っていくものなの」と述べており，事例2では「ここで自分はそういう人間だって話してるあなた自身がいるでしょう」と述べている。つまり，"あなたはそこにいる"ということを証明するものとして，Eは"私もここにいますよ"と自らを差し出すのである。いわばEは，生きたニュートラルな実在としてクライエントの前に立ち現れる。セラピストの存在に呼応する形で，クライエントの主体性が呼び覚まされている。セラピストがクライエントと同じ地平に立つ，という現象も同様に説明しうる。クライエントを「人として遇する」とは，E自らが衒いなく素直にクライエントに開かれていることだと言えるだろう。

Ⅳ　インタビューを終えて

セラピストの「我」と「欲」

　自らの臨床のあり方をふり返ると，至るところにセラピストとしての自身の「我」や「欲」が顔を突き出していると痛感せざるをえない。クライエントに頼られることの心地よさ，感謝されることの密やかな喜び，ささやかな自己効力感。一方で，事態が動かないことへの焦りや苛立ち，途方もない無力感。いずれも，セラピストである筆者の「我」や「欲」が生み出す感情だろう。

　臨床を始めた当初，「クライエントのために何とかしたい」「クライエントを助けたい」という熱意にかられて，やみくもに取り組んでいた。ここに落とし穴があると気づいたのは，クライエントから手痛い「お返し」をいただいたときだったと記憶している。「あなたのために」と思っていたことが，自分自身のためにすぎなかったという事実を，他ならぬクライエントから教わったのである。

　「あなたのため」と言うとき，自分のエゴは一見退くように思われるが，巧みな形で存在している。自己犠牲的な母親が「我が子のために」と尽くすとき，どこか支配的な色を帯びるように。あるいは，身を粉にして夫の世話をする妻の，苦労と生き甲斐が紙一重であるように。そしてクライエントは，セラピストの隠されたエゴを誰よりも敏感に察知する。

　セラピストとは不思議な生き物である。「あなたは……と思っているのですね」とクライエントに告げるのは得意なのに，「じゃあ先生はどうなの？」と返されると，するりと身をかわしてしまう。自分自身は慎重に防衛しながら，相手には「どうぞ，あなたの心を見せて下さい」といった態度をとることの滑稽さとおこがましさを感じる。

　心理療法の場で，どんなに上手にセラピスト役割を演じていても，自らのこれまでの生き方，生活の仕方，価値観，あらゆるものがあらわになる。クライエントがそれをもっとも見抜いている。筆者を含め多くのセラピストが，クライエントを「見抜いている」つもりになって，その実，自身のエゴが厳然として存在することに無自覚ではなかったか。これを「逆転移」という専門用語を

用いて議論すること自体が,防衛の表れと感じるのは筆者だけだろうか。

　クライエントを主体にすることは,セラピスト自身を隠し立てすることとはき違えられやすい。それはたとえば,「ここはあなたのための時間だから,あなたのことについて話して下さい」といった語り,「私に他意はなかったが,あなたにとって辛いのではと思ってアドバイスした」といった弁解に象徴される。一方,Eの臨床ではむしろ,「自らを素材として差し出す」ことで,クライエントの主体性が呼び覚まされている。皮肉なことに,セラピストが「あくまであなたのために」を強調すればするほど,セラピストのエゴがにじみ出るという現象が起きうるのである。

　「ニュートラル」であることは難しい。ましてや,「水が魚を支えるように」いることは至難の業である。今の筆者にできることは,自らの中にある「我」や「欲」を看過せずにじっと見つめることだろうか。そのためにも,「あなたのために」を隠れ蓑にしないことが,せめてもの誠実さかと思い至った。

第III部

各セラピストによる
心理療法の共通要因とその比較

第10章
言葉によって生じる転機についての考察

I 仮説モデルの生成——セラピストの共通要因から

転機以前——治療の膠着状態

　各セラピストや事例によって転機の様相は異なるが，本章ではその共通項を拾い上げることで，言葉によって転機が生じる条件とプロセスについてのモデルを生成することを目的とする。

　すべての事例において，転機が生じる前には，事態が膠着状態に陥っている。A，Dの事例では，クライエントが同じ行為を反復し，治療が進展しないことに対して，セラピストが苛立ちを募らせている。また，B，C，Eの事例においても，セラピスト自身は巻き込まれていないものの，クライエントを取り巻く状況が悪循環に陥り，身動きがとれない状態になっていることがうかがえる。Aがいみじくも「飽和状態」と表現したように，転機前のこの時期は，クライエントの不安やセラピストの苛立ちが募り，緊張が高まっていく時期である。

　転機とは，セラピストの発した言葉によってこの膠着状態に変化が生じる時期である。それは，劇的な変化の場合もあれば，治療の一つのステップとなる場合もある。しかしいずれの事例においても，転機では，セラピストがいわゆる「セラピスト役割」を超えることで，治療関係に特有のダイナミズムが生じていると思われる。この点を考察するにあたって，まず，先行研究において治療関係がどのように論じられてきたか，素描する。

表10-1 心理療法関係の二重性（成田，2005）

A 関係	B 関係
意識的	無意識的
現実的	空想的
理性的	情緒的
現在的	通時的
職業的	個人的
契約的	転移・逆転移

セラピストとクライエントの関係性

　セラピストとクライエントの関係は，しばしば指摘されるようにまず，職業的な契約関係である（河合，2001）。契約関係とは，特定の領域において知識と技術をもつ専門家と，その専門家の援助を必要とし求める人との間に結ばれる関係である。そしてその関係には一定の目的があり，関係自体はその目的達成のための手段である。よって両者の関係性はその「非対称性」によって特徴づけられる。

　一方で，心理療法の治療関係は「人間関係」としての特質も備えている（河合，2001）。この点については，転移・逆転移の現象としてしばしば取り沙汰される。転移はクライエントがセラピストに対して抱く感情であり，「両親に対する人間関係を再現するもの」（Freud, 1940）である。これに対し逆転移は，端的に言えば，クライエントからの転移に応じて生じてくるセラピストの側の感情的反応全般を示す。

　成田（2005）は，心理療法における治療関係には契約関係と転移・逆転移関係の両方の要素があると述べ，その二面性を表10-1におけるA関係とB関係として表している。そして，「患者が医師から病気や治療法について説明を聞き治療法を選択して同意書に署名するときは，医師と患者とは契約を取り交わすが，実はすでにそのときから，患者は心細く不安であって，医師に頼りたい，すべてを委ねたい，……という依存的な気持ちになっている。それは幼い子どもが親に対して抱く気持ちに似ている」と指摘している。

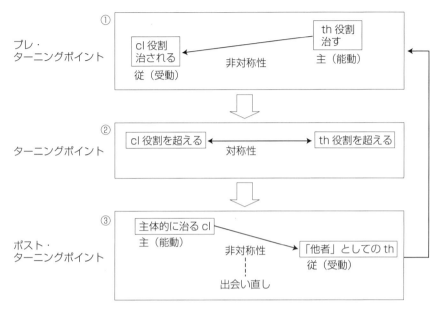

図 10-1　転機の条件とプロセス

　以上のように，心理療法における治療関係はその二面性がしばしば指摘される。一方の軸に職業的契約関係があり，もう一方の軸に転移・逆転移関係があると言われている。職業的契約関係は「非対称」的な関係だが，もう一方の軸である転移・逆転移関係の側面もまた，「子どもが親に対して抱く」ような依存的な感情に彩られた「非対称」的な関係と言える。しかし，結論を先取りして言うならば，転機においては，この「非対称性」に変化が生じると考えられる。

　本研究で見られた転機の現象を時間軸に沿って，クライエントとセラピストの関係性の変化という視点から捉えたものが図 10-1 である。この際，村岡（2000）に倣って，転機をプレ・ターニングポイント，ターニングポイント，ポスト・ターニングポイントと3段階に分け[1]，それぞれの段階を追いつつ，転機のプロセスを考察する。

転機のプロセス

プレ・ターニングポイント──非対称的な関係性

　まず，プレ・ターニングポイントの段階では，先行研究で指摘されるように，セラピストとクライエントの職業的契約関係と転移・逆転移関係，いわば表10-1のA関係とB関係が成り立っている（図10-1；①）。ここではセラピストはクライエントを「治す」能動的な存在であり，クライエントはセラピストに「治される」受動的な存在である。ラカン（1975）が「『知っているはずの主体』が有るとき，転移が有る」と述べたように，ここではしばしばクライエントはセラピストを，苦境から救い出してくれる救世主，全能的な存在とみなしている。よってこの段階においては，両者の「非対称性」が際立っており，「治す」行為のベクトルはセラピストからクライエントへ向けられている。

ターニングポイント──役割を超える

　ターニングポイントでは，セラピストがその役割を超える[2]ことによって，この「非対称性」がいったん均衡になる（図10-1；②）。では，セラピストがその役割を超えるとは，どのようなことなのだろうか。まず，ここで言う「セラピスト役割」とは，表10-1のA関係とB関係，すなわち職業的な契約関係と転移・逆転移関係という二重性を含むものである。このような「セラピスト役割」を超えるとき，新たな関係性が生まれるのである[3]。

　セラピスト役割の超え方は，セラピストによって，あるいは事例によって異なった様相を呈する。たとえば，Aの事例において，汚言を聞き続けることに限界が生じ，「もう嫌だ」と感じて「煙幕を張るのをやめたら」と言い放

---

[1] ここでは先行研究に倣い，プレ・ターニングポイント，ターニングポイント，ポスト・ターニングポイントをそれぞれ転機の前期，中期，後期を指すものとする。つまり，「ターニングポイント」のみが転機にあたるのではなく，前後のプレ／ポスト・ターニングポイントを含み全体で転機のプロセスを示している。

[2] 「役割を超える」という運動は，セラピスト役割を守りつつも，さらにそれを踏み越えるというニュアンスを含んでいる。この運動を表す言葉として，他に「役割を離れる」「役割からズレる」という候補が挙げられた。しかし，これらはセラピスト役割を「放棄する」かのようなニュアンスが伴うため，最終的に「超える」という表現を用いることとした。

つとき，通常はセラピストの役割の背後に隠れている感情があらわになっている。同様にDの事例でも，時間外に「心臓が苦しい」と訴えてくるクライエントに対して「人間には命より大事なものがありますよ」と言うとき，D自身「私個人の感情がもろに出ちゃった」と述べているように，やはりセラピスト役割を超えたところで言葉を発している。また，Bの事例では，社会的制約や社会的役割から自由な存在として言葉を発している。Cにおいては，〈言葉の身体性〉が強調されているが，事例における言葉は，セラピストの〈身体の延長〉としての言葉である。身体に根ざした言葉を用いつつ，セラピストはクライエントと同じ「生命体」として言葉を発している。Eの事例では，クライエントとセラピストは「人間」という言葉でひとくくりにされており，Eはセラピスト役割を超え，クライエントと「人間として基本的にイーブン」な地平で言葉を発している。

　以上のように，セラピストがその役割を超えるとき，クライエントは，その言葉に賦活(ふかつ)され，自身もまた，クライエント役割を超えることになる。これは言い換えれば，クライエントが，クライエントではない自分，すなわち治療の対象ではない自分を再発見することである。

　このような「対称性」が成立するにはいくつかの条件が必要である。

　まず，セラピストがその役割を超えても，クライエントに役割を超える準備が整っていなければ，ターニングポイントにおける「対称性」は成立しない。つまり，クライエントに「変わろう」とする準備がなく，クライエント役割に固執している場合，セラピスト役割を超えた言葉は効力を失う。クライエントはセラピストに対し，あくまでセラピストとしての言葉を欲しているからである。転機が生じる条件として，クライエントの準備状態が重要であることは，インタビューで数人のセラピストが指摘している。たとえば，「言葉が入るの

---

3) 従来，クライエント－セラピストがその役割を超えることはいわゆる転移・逆転移の現象として捉えられてきた。しかし，ここでは役割関係を，社会的役割という狭義ではなく，「これまでの日常生活で取り結んできた関係性の延長としての役割」として広義で捉え直している。転移が「これまでの人間関係の再現」であることを考慮すれば，転移もまた，広義の役割関係に吸収されるものである。詳しくは後述するが，そこではセラピストはあくまで「私によって構成される対象としての他者」(Levinas, 1961) にすぎない。

は，クライエント本人が切羽詰まっていて，何か手がかりが欲しいと思っているとき」(B)，「言葉が入るのは，クライエントの準備状態が一つある」(C)，「クライエントがまったく気づいてなければ言葉は入っていかない」(D) といった語りに見受けられる[4]。

　逆に，クライエントがその役割を超えようとしているにもかかわらず，セラピストがその役割を死守しようとする場合も，ターニングポイントの「対称性」は成立しない。これは「生身の人間関係」を求める境界例のクライエントについてしばしば指摘される問題である（牛島，2008）。たとえばDの事例では，クライエントが「見殺しにするのか，あんたは」とセラピストを「あんた」と呼び，クライエント役割を超えて〈私―あなた〉の関係性に入ろうとしている。このとき，セラピストが当初の対応のように，セラピストとしての冷静さを保って「今時間がないから」とマニュアル通りの反応を示せば，転機は生じなかったと推測される。ここでセラピストは，「自分のやり方が通用するのか，一種の賭けに出た」クライエントに呼応する形で，自らもセラピスト役割を超えて感情を表出しているからこそ，その言葉は，役割を超えたクライエントにも届くものとなりえたのである。

　以上のように，ターニングポイントにおいては，セラピストはクライエントを「治す」全能な存在としての役割を降り，主体をクライエントに明け渡している。これによってクライエントは，自らのポテンシャリティやリソースが触発され，主体性を呼び覚まされることになる。先述のように，転機が成立するためには，ここでクライエントも「役割を超える」という運動が起きねばならない。それはつまり，セラピストから明け渡された治療の主体を「受け取る」ということである。ここで，治療主体の比重が移るという運動が起きている[5,6]。

---

4) この章におけるインタビューの引用は，原文のままの表現もあるが，一部加筆修正したものや，略して要約したものも用いている。
5) ここでセラピストは主体性をクライエントに限りなく譲りつつも，そうした運動も含めて，セラピーの場全体を見守るという責任は維持している。つまりここでセラピストが役割を「超える」ことは，役割を「放棄する」ことではない。これについては後述する。
6) 主体とは通常 subject の訳であるが，ここでの主体とは，「治る」という行為を促す力の起点という意味で，agency（行為する者）の意味合いで用いている。

ポスト・ターニングポイント――関係性の反転

このようなプロセスを経て，ポスト・ターニングポイントでは，クライエントが主体的に「治る」存在となり，セラピストはそれを下支えする存在にすぎない（図10-1；③）。つまりここでは，クライエントが能動でありセラピストが受動であるという「非対称性」が成り立っており，立場の反転が起きている。このとき，プレ・ターニングポイントでクライエントが抱いていたセラピスト像がいったん壊れ，新たな存在としてセラピストが認識される。「全能なセラピスト－無力なクライエント」という構図ではなく，セラピストの中にも限界があり，クライエントの中にも能力があることに気づくことで，クライエント自身が主体的に治ろうと動いていくのである。成田（2005）は「患者が治療者をあらためて『一人の他者』と見なすときに治療の転機が生じる」と述べているが，このとき，セラピストはいわば「他者」としてクライエントの前に立ち現れる。

「他者」としてのセラピスト

ここで，セラピストの「他者性」と，クライエントに主体性が芽生えるプロセスについて，本研究の事例に基づきつつ詳しく考察をしてみたい。

本研究の事例では，クライエントがそれまでの日常で自明であった人間関係を裏切るようなかたちで「他」である者＝セラピストが現れている。クライエントはまず，日常生活において固定化した人間関係を確立している。これを事態の膠着状態と呼ぶこともできよう。Aの事例では，クライエントは30年間汚言を吐き続けることで周囲を避け，「誰も治療しようと思わない」という他者との関係性を確立していた。Bの事例では，クライエントは病理を抱えたIPの母親として，母親失格のレッテルが貼られていた。Cの事例では，クライエントは自信のない，対人緊張の高い女性として，周囲を恐れつつ羨むという関係性を築いていた。Dの事例では，クライエントは「心臓が苦しい」という訴えを通して周囲を操作的に動かすという人間関係を取り結んでいた。Eの事例では，クライエントは障害児として「お世話になる人」「治療の対象」としての役割を担わされていた。

こうした人間関係では,「他者は私の役柄に応じた役柄の他者であり,同時に私は他者の役柄に応じた役柄の自己」でしかない[7]（田村, 1992）。レヴィナス（1961）の言葉で言えば,この場合の他者はあくまで「私によって構成される対象としての他者」である。北山（2001）は, われわれは幼児期に既に「心の台本」がつくられており, 相手役を変えながら, 一定の役割の反復上演を繰り返すにすぎないと述べているが, これも同じ現象を示すもの思われる。

しかし転機において, セラピストは, クライエントの当初のシナリオやそれまでの対人関係のパタンでは説明できない仕方で立ち現れる。Aは「いつまでも汚言を聞き続ける他者」として, Bは「IPを問題児扱いせず, 能力を持った存在として認める他者」として, Cは「クライエントの中に積極性や華やかさを見出す他者」として, Dは「『心臓が苦しい』という常套手段が通用しない他者」として, Eは「クライエントを障害児扱いしない, イーブンな人間として認める他者」として, クライエントの前にセラピストが立ち現れる。

田村（1992）は, このような「〈私〉にとってまったく異なる他者が出現してくる場」について, 以下のように述べている。

〈私〉は, 私の日常世界で自明である行動や判断がその効力を失うような仕方で「他」である者が現れるとき, 自分自身を問わねばならないことになるのである。つまり〈私〉は, 〈私〉にとって「他」なる者に対して役柄関係をつくることがもはやできないのだから, 〈私〉は今まで曖昧であることでさまざまな「役柄＝自己」でありえた〈私〉を, その曖昧な遊動性をかかえたままひとまとめにして, 他者との新たな関係を模索せざるをえない。そのとき〈私〉は自らを主題的に反省すると同時に, 《私》が責任をもって決意しなければならない主体であることを自覚するのではあるまいか。

クライエントはそれまでの日常において,「わけのわからない汚言を吐く患者」,「母親失格」,「周囲になじめない私」,「心臓に疾患をもった患者」あるいは「障害児」としての〈役割〉を引き受けている。それはある場合は自主的に選び取った役割でもあり, ある場合はそのような役割として他者から課せられ

7）本論では「役柄」と「役割」を同義語として論じている。

たものでもあった。同時に，クライエントの固定した〈役割〉は，周囲の人々にも，「汚言を避ける人々」，「子育て失敗を責める人々」，「クライエントを避け仲間うちで騒ぐみんな」，「患者を心配しふり回される人々」あるいは「障害児扱いしお世話する人々」という〈役割〉を自動的に課すものであった。

クライエントはセラピストとの関係においても，このような既成の役割関係を応用しようと試みている。Aの事例において，セラピストは「汚言に辟易し治療を諦める者」であるはずであり，Dの事例においてセラピストは「クライエントの苦しさを理解し救済しようとする者」であるべきであり，Eの事例においてセラピストは「自分をお世話し，護ってくれる人」であるべきだった。B，Cの事例においても，セラピストは「弱い自分を救ってくれる人」であるはずだった。

しかしセラピストは，それぞれのやり方でクライエントのそれまで自明だった対人関係のパタンを打ち破っている。他者とはいわば，「心の台本」（北山，2001）に回収されない者である。転移が「これまでの人間関係の再現」であることを考慮すれば，心理療法における治療関係もまた，台本の中に組み込まれやすいものである。しかし転機において，クライエントとセラピストは，新しい関係性へ踏み込むことになる。

クライエントの主体性──「自ら治る」存在として

このようにして他者が現れるとき，「〈私〉は今まで曖昧であることでさまざまな『役柄＝自己』でありえた〈私〉」から，「責任をもって決意しなければならない主体」として自覚せねばならなくなる。クライエントは，それまでの対人関係とは異なる「他者」として立ち現れるセラピストを前にして，それまでの役割関係に自己を埋没させることができなくなり，〈個〉であり〈責任主体〉である自分について改めて自覚するに至るのである。

先述のように，クライエントは日常で確立した役割関係を取り結んでおり，セラピストに対しても，その関係を応用しようとする。つまり，セラピストに「弱い自分を治してくれる人」としての全能的な役割を期待したり，「これまでの治療者のようにいずれ治療を放棄する人」としての役割を想定している。し

かし，セラピストが，そのようにクライエントが想定した役割を超え，「治る主体は他ならぬあなた自身である」というメッセージを送るとき，クライエントは自らの主体性を無視できなくなるのである。

　クライエントの主体性や自尊心を尊重し，クライエントが本来持っている力を最大限発揮できるようセラピストが働きかけようとする姿勢は，5人すべてのセラピストにおいて共通して見受けられた。たとえば，Aの，クライエントがネガティヴな感情を表出することによって，無意識が変容していくというクライエントの自己治癒力を重視した臨床観，Bの「転機というのは，新しいものが入るのではなく，クライエントの持つ本来の力が開くときである」といった語り，また，Cの事例における，クライエントの中にポテンシャリティを見出しそれを伸ばしていこうとする姿勢，Dの「クライエントの方が真剣に治療を求め，大事にしているから，そこで最大限の仕事をして治って去っていく。クライエントの方が主たる力を持っている」といった語り，さらに，Eの「クライエント自身が気づき，決断する。セラピストはそのヒントを与えるだけ」といった語りに見ることができる。セラピストがこうした臨床観を普段から持っているからこそ，転機において，クライエントの主体性が呼び覚まされるという運動が起こりうるのである。

　このように，ターニングポイントにおいては，「治す‐治される」関係性から「主体的に治る」関係性への反転というダイナミズムが生じていると言える。そしてターニングポイントを機に，「他者」としてのセラピストが立ち現れ，それまでの役割関係を超えた，クライエントとセラピストの「出会い直し」が行われている。

　さらに，心理療法のプロセス全体を見た場合，図10-1は一方向的なものではなく，循環的なものであることが想定される。本研究ではこのプロセスについては直接的には明らかにならなかったが，転機というのが治療の節目に点在することを考えた場合，図10-1；③から①へ「戻る」という運動も想定される。つまり，図10-1の運動は心理療法の中で何度も繰り返され，繰り返される中でクライエントとセラピストの関係はいわば螺旋状に変容を遂げていき，クライエントの主体性は，徐々に強化されていくのである。

転機の条件としての役割関係

　以上のように考えると，プレ・ターニングポイントにおける非対称的な役割関係は，ターニングポイントが生じるための条件として位置づけることもできる。つまり，この関係抜きにして，始めから図10-1；②のターニングポイントの段階に入ることは難しい。これについては，本研究でもセラピストが言及している。たとえば，「飽和溶液になっていることが条件。……言葉が入ったのは，3週間，一所懸命それを隣でずっと聞いていたからでしょうね。耐えていたからだと思う。限界までつき合った」(A)，「量から質への転化。同じことを何回もやって，ある日突然ふっとそれが何か違うものに変わる。一言で何かが変わることは滅多にない。あくまでそれまでの積み重ねがあって，最後の一滴のようなもの」(B)，「関係性，信頼ができた上で語られる言葉は，クライエントを支える力になる」(C)，「病気による閉塞感への理解がある上で何かアクションを起こすから相手に響くものがある」(D)といった語りに見受けられる。つまり，セラピストの一言が変化をもたらすのではなく，それまでの治療の積み重ねによる，セラピストとクライエントの関係性の深まりがあるからこそ，言葉が力を持つのである。

　西平（2005）は，「臨床家には感情をしばらく『留めておく』力が求められる」と指摘した上で，以下のように述べている。

　　臨床家は，クライエントから押しつけられた感情を受け取りながらも，すぐに投げ返すのではなく，機に応じて，しばらくそれを預かっておく。クライエントが受け入れやすくなるまで待つ。あるいは，保持することが求められる。より正確に言えば，保持することが大切なのではなくて，保持する必要がある場合には保持することもできる（そうでなければ即座に反応することもできる）という意味で「自分の感情との距離の取り方」が大切になる。

　セラピストは仮に「セラピストらしくない私」を感じていたとしても，それをすぐに表明するわけではない。たとえばAが，その事例において，「耐えられない」という葛藤を抱えつつもクライエントの汚言を聞き続けたのは，「セラピストとしての役割」に徹していることを示している。

つまり,「セラピスト役割を超える」という運動は,セラピストの内側の素朴な感情や人間性に従って治療者役割を「放棄する」ことではない。自らの限界と同時に,クライエントとの関係性やクライエントの準備態勢など,さまざまな条件を見据えた上で行われる非常に治療的な行為と言うことができる。それは,仮に治療者としての操作性を超えたものであり,意図的なものではなくとも,機が熟した「まさにそのとき」になされる行為と言えよう。だからこそ,転機の瞬間というのは,治療の中でも凝縮された時間となりうるのである。

日常からセラピーへ,セラピーから日常へ

既に述べたように,クライエントは日常生活で確立した役割関係を取り結んでおり,セラピストに対しても,その役割関係を応用しようとする。このとき,セラピーの場は日常の延長線上にあり,セラピストはそれまで出会ってきた人々の延長上にいる(図10-2;①)。しかし,転機において,パタン化した関係性の中に組み込まれない,「新しい」存在としてセラピストが立ち現れる。これについては「他者性」という言葉で既に論じたが,セラピストの「新しさ」については,事例の中でクライエントが言及している。たとえばAの事例において,クライエントは「お前が俺の言葉を聞いた初めての人間だ」と述べており,Eの事例では「She is the first woman I've ever met.」という語りが見られた。直接「新しさ」に言及せずとも,転機において,クライエントの想定した関係性を裏切る形でセラピストが立ち現れている。つまり,もはやセラピストは,これまでの関係性の延長線上には存在せず,そこからズレたところにいる(図10-2;②)。これは図10-1の②と③にあたり,「他者性」という側面からは,この時点を転機として位置づけることができた。

以上はしかし,あくまでセラピーという場の中での運動である。クライエントが現実の生活に戻っていくためには,セラピーの場における変化が,何らかの形で日常に影響を及ぼさねばならない。セラピーはそれ自体で完結するものではない。それはいわば「通過点」に過ぎず,クライエントはそこを通り抜けて現実へと回帰していく。あるいは,セラピーと日常の絶え間ない行き来が必要となる。このように考えたとき,セラピーにおける転機が真に転機たりうる

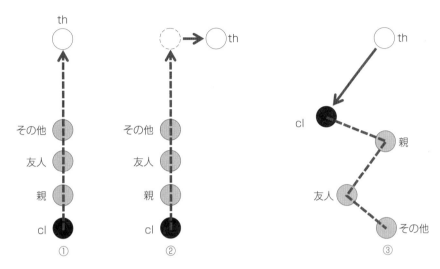

図10-2 日常とセラピーにおける関係性

には、それがセラピーの中での変化にとどまらず、日常生活での変化へと応用されることが必須条件と言えるだろう。各セラピストの事例においても、この「日常への応用」が見られた。Aの事例では、転機をきっかけに、自らの生活史が語られるようになる。Bの事例では、IPの娘との関係性に変化が生じ、Cの事例では、緊張の強いクライエントがセラピストと語ることを経て、友人とのあいだで語り合うことができるようになっている。Dの事例では、周囲を操作していた心気的な訴え自体が消失し、Eの事例では、セラピストとのやりとりの後、母親に自らの生について尋ねたり（事例1）、家族との関係性にも変化が生じたりしている（事例2）。

　セラピストという「他者」に触れることで、クライエントとセラピストとの関係性に変化が生じる。その変化に伴って、現実における、クライエントを取り囲む関係性──親との関係、友人との関係、会社での人間関係など──にも「ズレ」が生じてくる。これはしばしばクライエントの次のような語りに表れる。「先生って最初自分の思ってた人と違った。ひょっとしたら、自分の親も、自分の思ってる人と違うのかもしれない」。こうした語りに象徴されるように、

セラピストとの関係性における「ズレ」が刺激となって，現実での固定化した関係性にも「ズレ」が生じてくる。このイメージを表したのが図10-2；③である。セラピストとの関係性の変化は，いわばビリヤードの最初のひと突きに過ぎない。しかし，一つの玉が周囲の玉を四方に弾くように，それをきっかけに，日常の関係性にも変化が生じうるのである。こうしたセラピーから日常への応用を，次の段階の転機として位置づけることもできるだろう。

図10-2で表現したように，ここでは既成の構造の解体と再構築が起きている。セラピストは，セラピーが日常へと移行する際のつなぎ手として存在しており，セラピーの場は，その予行演習の場として機能していると言えよう。転機前の関係性が「日常からセラピーへの応用」であるならば，転機とは「セラピーから日常への応用」という逆のベクトルで示すことができる。

II　プロセスに寄与する要素——セラピストの比較を通して[8]

以上，各セラピストや事例の共通項を取り上げることで，言葉によって転機が生じる条件とプロセスについて仮説モデルの生成を行った。次に，各セラピストの事例において転機が生じるプロセスの違いに着目し，詳細に比較検討を行う。そして，言葉によって生じる転機という事象を多元的に捉え直し，そこに寄与する複数の要素を拾い上げることを試みる。

言葉はどのように届くか——二元論から出発して

言葉の届き方，という視点から再度事例を捉え直すと，各セラピストの転機の様相に違いが見られた。このことを考察するにあたってまず，転機以前にクライエントが陥っている二元論に目を向けたい。心理療法の場面では「治るか治らないか」「自分が悪いのか，周囲が悪いのか」等，クライエントが二元論

---

[8] セラピスト間の違いは，各セラピストの臨床観を表すと同時に，インタビューで語られた事例の特徴を物語るものである。つまり，同じセラピストでも，事例の性質によって，あるいはクライエントの治療段階によって，アプローチが異なってくる可能性があることを踏まえておきたい。

の構造にしばしば埋没している。そして，その構造の中にセラピスト自身も組み込まれやすいため，セラピストに対する緊張感や警戒心が見られることが多い。本研究においても，こうした二元論的な価値観，あるいは二項対立的な人間関係が見られた。

　Aの事例では，汚言によって周囲を寄せつけないという構造を30年も死守していた。Bの事例では，クライエントである母と退行したIPの葛藤状態が見られ，Cの事例では，対人緊張の強いクライエントが「目立つ」周囲と「地味な」自分，といった二元論に陥っていた。Eの事例2では，初回面接前に外へ走り出すほどの警戒心の強さが見られ，語りにおいても「明るいか暗いか」といった二項対立が見られた。Dの事例では，「生きるか，死ぬか」といういわば究極の二項対立をセラピストに迫っている。

　二元論的な構造の中で，二つの力が拮抗し，緊張状態が続いている。こうした二元論に対する働きかけはしかし，各セラピストにおいて異なる様相を呈した。そして，そのプロセスやスタイルの違いによって，「言葉の届き方」は大きく分けて二通り見られた。

「つなげる」中で二元論がゆるむ——セラピストB，C，Eの場合

　まず，B，C，Eの事例について考察する。まず，Bはクライエントの16歳の娘について「赤ん坊」という意味づけを行った。そして，親子同時にいったん退行させ，セラピストが「器」として機能している。B自身，「前の価値観を否定せずに，新しい価値観を提示できたら」と述べているように，この方法は，テーゼに対してアンチテーゼを示す（Hegel, 1812）というものである。一つの価値観の中で苦しんでいたクライエントは新しい価値観に触れることで，これまでのとらわれからいったん自由になることができた[9]。

　Cの語りでは「つなげる」という表現が多く見られた。クライエントに「影」との対話を促したように，Cは相反する二つの要素について，「対立」ではな

---

[9] なおこの際，「アンチテーゼ」とは二項対立という構造自体を解体するものであり，新たな二項対立を作るものではない。

く「相互補完的」な構造として捉えている。その中で，セラピストや「友人」に対するクライエントの緊張がほぐれている。こうしたスタイルにはユングの「影」の概念が少なからず影響していると思われる。光があるから影があり，影があるから光があるというように，両者は相補的な関係である。

　Eの臨床観は，「一人称的視点，二人称的視点，三人称的視点」で複眼的にクライエントを捉えるというものであり，ものごとを相対化したニュートラルな視点に立っている。事例では，「明暗」という二項対立的な構造に「奥深さ」という新しい次元を付与した。さらに，クライエントの「死にたい」という語りの背後にある「生きたい」という気持ちに言及したり，TATで自殺を試みるクライエントに対してメタファーを用いて一時的に退行させている。

　B, C, Eの事例に共通しているのは，セラピストが「場」あるいは「器」として機能することで，クライエントに一時的な退行を許したり，夢の中における影との対話を促したりしている点である。二元論の構造が緩むことで，クライエントの固定化した価値観が揺さぶられる。同時に，セラピストとの関係性にも変化が生じる。クライエントの警戒心や猜疑心，緊張がほぐれ，セラピストへの信頼感が生まれる。クライエントの防壁が弱まり，セラピストとの間に回路が開かれる。

　この関係性は，自他融合的な，原始的な関係性に似ている。溝口（2003）は，「言葉が意識の門を通過できないのは，その言葉が意識によって異物として認知されたということ」であると述べ，「言葉が人の中に入るには，基本的にその言葉があたかもその人自身が発したかのような言葉，自分で自分に向かって言っているような言葉であるとよい。……クライエントとセラピストという二人が存在するのではなく，クライエントだけが存在しているような状況が必要である。自他の区別のない状態，つまりあたかもクライエントしかいないような状態が可能ならば，たとえセラピストの言葉であっても，それはクライエントに入る」と指摘している。B, C, Eの事例においても，一時的に自他の境界が曖昧になり，両者の間に回路が開かれ，言葉が内在化される，という現象が起きている。これらの事例において，「言葉が届く」現象は以上のようなプロセスをたどった。

「対決」によって二元論を打ち破る——セラピストA, Dの場合

　では，A, Dの事例はどうだろうか。既述のようにクライエントは二項対立的な構造に陥っている。Aの事例では，汚言に対して「わけがわからない」「もう我慢できない」といった語りが見られた。Dもまた，心気的な訴えをするクライエントの対応に疲れてうんざりしている様子が見られた。

　両事例に共通するのは，クライエントの二元論的な世界に対して，まずは徹底してつき合っている点である。両セラピストは治療に行き詰まりを感じているが，この閉塞感こそが，クライエントが汚言を吐き続ける中で，あるいは心気的な訴えを繰り返す中で感じてきたことなのではないかと推測される。神田橋（2008）はケースカンファレンスにおいて，「クライエントの症状の反復に対してうんざりしてしまい，共感できない」というセラピストに対して，「クライエントの反復にうんざりするという感情こそが，クライエント自身が味わっている，自分の繰り返してしまうテーマに対する感情ではないか。つまり，そこでは広義での共感が起きている」といったことを指摘している。このように「共感」を広義で捉えるならば，ここでAとDはクライエントの症状に苛立ちを募らせつつも，図らずもクライエントに対する「共感」に近い状態が起きていると言えよう。

　転機の前のこの状態に対して，Aは「飽和状態」という表現を用いている。また，Dのインタビューでは「病を深める」という語りが生まれた。両セラピストは不如意な感情を抱えつつ，それでもなお，クライエントの世界観につき合うことを選んでいる。「クライエントの世界観につき合う」とはすなわち，クライエントの二元論の中に自ら組み込まれ，自ら味わうということである。

　やがて限界が訪れ，クライエントと「対決」する地平に立つ。その際の言葉は一見，クライエントを挑発するかのようである。クライエントとセラピストが共同して作っていた（かのように見えた）二元論な世界観の中に不意に，Aの言うところの「異物としての言葉」が投げ込まれ，急激な変化が生じる。そこでクライエントに一種の「パラダイム転換」が起きている。そのときの言葉はしかし，「異物」としてのインパクトを持ちつつも，さまざまな含みを帯びている。Aは「もう煙幕を張るのをやめたら」という言葉でクライエントの

本来の力を引き出しており，Dは「死になさい，が生きなさい，のメッセージ」と述べている。つまり，クライエントを一見否定しているようで肯定しているのである。

B，C，Eの転機が「つなげる」「包み込む」といった母性的なものであるならば，A，Dの転機は「対決する」「切り込む」といった父性的なニュアンスが強い。よって，クライエントに届く言葉も，前者は「内在化される言葉」といった側面が目立ち，後者は「異物としての言葉」という側面が際立った。

以上のように，二元論に対するアプローチの違いによって，言葉の届き方は大きく二通りに分かれた。次に，各セラピストのスタイルの違いをより詳細に検討していく。

内在化をめぐって——セラピストCとセラピストEの比較

既述のように，CとEの言葉は「内在化される」という側面が目立った。しかし，それぞれの語りには対照的な点が見られた。

Cは，自らの言葉について以下のように述べている。

> （僕がしゃべった）言葉が（クライエントの）どこかに引っかかって残るという体験があるとすると，その引っかかって残るというのは，言葉だけが残るんじゃなくて，僕という他者，その人をそんなふうに見て支えようとしているということが残っていくんだろうと思うね。それは，けっこう元気の源になるね。ちゃんと関心を持って自分のことを見てくれている。そういう見てくれている手がかりになるのは，触れ合っている感触だとか何かでしょう。

つまり，クライエントの中にセラピストの言葉が「引っかかって残る」とき，言葉だけでなく，「クライエントを支えようとする他者」，あるいは「他者の感触」も同時に残るという。クライエントはセラピストという他者を取り込んで，「元気の源」にすることができるのである。Cは，言葉が「身体の延長」であることを強調しているが，言葉はそれ自体切り離せるものではなく，語り手の一部である。よって言葉が内在化されるとき，語り手であるセラピストの存在もまた，同時に取り込まれると言えよう。

Eもやはり、「オリジナリティのある言葉」を話すこと、「自分でよくわかった上で」言葉を発することを重視するという点において、言葉と語り手を切り離してはいない。しかし、以下の語りは、Cとは異なるニュアンスを帯びているように思われた。

　　何気ない会話なのに、でも何だか自分（クライエント）は解放されていって自分の頭は回転しはじめて、何だか自分は意外にいいこと気がつくな、という方がいいんじゃない。（中略）こちらが気づいて、それを相手に提示するよりは、相手が気づくようにさりげなく仕掛けていくんでしょうね。（中略）「人に言われた」というよりは、そちらの方がいいと思うのです。

　ここでは、「人（セラピスト）に言われた」という行為よりも、「クライエント自身が気づく」という現象に比重が置かれている。Eはその著書でも、「春の淡雪のように消える存在でありたい」と述べているが、セラピストという他者はひっそりと影を潜めている。このとき言葉は、セラピストのものとしてではなく、クライエント自身が発見したものとして存在している。セラピストという他者はあくまで「さりげなく」「何気なく」いるのであって、いずれ「消える」べき存在である、という臨床観が垣間見える。

外在化をめぐって──セラピストBとセラピストEの比較

　次にベクトルを変えて、クライエントにとって相反するものを「外在化」するプロセスについて、対照的と思われる二人のセラピストを比較しつつ述べたい。
　インタビューの中で、多くのクライエントが「こうあるべき」という価値観にとらわれていることが見受けられた。その価値観は、幼少期から内在化された親の価値観であったり、学校や社会の価値観であったりする。転機においては、この価値観の捉え方や位置づけが変化している。
　Bはインタビューにおいて、「世の中はこうでなければならないという価値観の中で、その人（クライエント）の持っている健康な部分が抑えられている」ことが多いとし、「いわゆる社会で与えられた価値観をいかに『そうじゃないよ』と消すか」という問題を提示している。事例においても、クライエン

トの「母親らしくならねばならない」，娘に対する「16歳らしくならねばならない」といった基準を弱めるよう働きかけ，クライエントの「本来の力」を取り戻すよう促している。

　一方Eは，高機能自閉症のクライエントに対して「人間に生まれたら，基本は自分で自分を護っていくもの」と告げ，もう一つの事例においても「でもここで自分はそういう人間だって話しているあなた自身がいるでしょう，周りの人が決めてくれたから考えることをしなかったのかも」と述べている。いずれも，「あなた自身が行うことです」と厳しい現実を告げている。ここには，周囲に責任を転嫁させず，クライエント自身がその責任を引き受けるよう促す姿勢が見られる。その中で，クライエントは責任と主体性を持った一人の人間としての自覚が芽生えていくという現象が起きている。

　クライエントが抱えている問題，あるいは格闘している周囲の価値観を一つの「異分子」と捉えたとき，これに対する働きかけがBとEで異なっている（図10-3～図10-6）。

　Bはまず，クライエントに内在化された異分子を素早く見定め，それを外に取り出す，いわば外在化することを試みる（図10-3）。これによって，クライエントは問題と距離をとることができる。そして，クライエントとセラピストが共同して外にある問題を対象化し，対処を試みる。ここには一貫して，クライエントを否定しない，「あなたは悪くない」というメッセージがある。クライエントはセラピストの働きかけによりエンパワーされ，また，セラピストとの同盟によって孤独から自由になる（図10-4）。

　一方Eは，クライエントが異分子とみなして格闘しているものへのまなざしが異なる。クライエントをいじめる級友，理解を示さない周囲，抑えつける親，そういった存在に対して，「異分子」という認識すら持たないようである。むしろ，周囲がクライエントに行った「仕打ち」についても，その必然性を想像しているように思われる。「周りの人が決めてくれたから（あなたが）考えることをしなかったのかも」という表現は，異分子を取り入れたのはあなた自身です，というニュアンスすら帯びている。そして，異分子もクライエント自身の所与として引き受けるよう促している。ここには一貫して，「クライエン

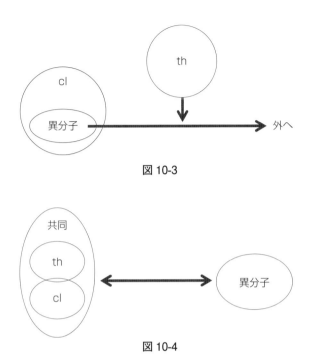

図 10-3

図 10-4

トの主体性を促す」という治療態度があるように思われる。セラピストがクライエントに対しても異分子に対してもニュートラルなまなざしを向けることで，「異分子」はもはや，ゴツゴツとしたそれではなくなり，クライエントの一部として「吸収」される，といった現象が起きている（図 10-5，図 10-6）。事例 1 でクライエントは家族の中で孤立していたが，セッションの後，母親に自らの出生について尋ねるという行為を行っており，事例 2 では，クライエントのみならず家族全体の機能が回復していく。

このように，クライエントの中の異分子に対して B は「外在化」を積極的に行っており，E は「引き受ける」よう促している[10]。両者のベクトルはこの

---

10) ただし B の事例においても，いったん問題を外在化した後，時間差はあるものの，「引き受ける」という現象が生じている。

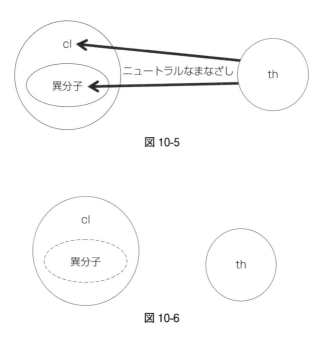

図 10-5

図 10-6

点で対照的である。こうした働きかけの違いは，がん治療における手術と化学療法を彷彿とさせる。Bが「腫瘍」を手術によって取り除くとすれば，Eは「腫瘍」も身体の一部として，体内に自然に吸収させるようである。

真剣勝負と「芝居」――セラピストAとセラピストDの比較

既に述べたように，AとDの事例は多くの共通点が見られた。転機では，父性的な「切り込み」や「対決」といった現象が起きていた。しかし，そこに至るプロセスやアプローチの仕方は異なる様相を呈している。

Aは，汚言症について「わあっと黒い煙が，わあっと渦巻いて」と述べているように，クライエントとともに煙（汚言）にまみれている様子がうかがえる。「近づくな」というクライエントのメッセージに対して，「それでも近づく」という選択肢を敢えてとっている。この点で，クライエントとの距離が近く，場の中に身を置いていると言えよう。一方，Dは「そんな馬鹿な芝居して

どうするの」といった言葉に表れるように，治療の場を「芝居」になぞらえ，それ自体を対象化して俯瞰(ふかん)している視点に立っている。芝居の中に身を置きつつ，芝居を眺めるというスタンスをとっており，クライエントとのあいだに一定の距離がある。こうした距離の違いは，Aの「近づくなという意味だったんだろうけど，よけいに寂しいやん」という語りと，Dの「あなた何をつまらないものにこだわり続けているんだ」という語りの違いにも表れている。

　転機に至るまでのプロセスの捉え方も異なっている。Aは「我慢に我慢を重ねて，限界まで行って，なおかつそこを超えるとき」とプロセスを強調しており，「飽和状態」という表現を用いている。一方，Dは「意味のないことの繰り返し」「マンネリ化」と表現しており，転機に至る過程よりも，転機の際の「パラダイム転換」に比重が置かれている。

　転機における言葉は，両者とも「異物」としてクライエントに届くのであるが，Aが「イメージを言葉にした」と述べているのに対しDは「私個人の感情」が出たと述べている。前者が，イメージに裏打ちされた言葉であるのに対して，後者はセラピストの感情の露呈という意味合いが強い。前者は，汚言という「言葉の世界」に対して「イメージ」を用いたからこそクライエントの「煙幕」を打ち破る力を持ちえたのだろう。また後者は，症状を「有効だから使っていた」クライエントに対して，セラピストが生身の人間としての感情をぶつけたからこそ，響くものとなりえたのだろう。

　AとDの全体的な語り口調も，対照的である。Aの語りは，どの部分を拾い上げても真摯でまっすぐで，理屈やごまかしというものが一切ない，断定調の語りが多い。インタビューの中で，筆者がセラピーの定石とされているものに言及すると，「そんなきれいごとじゃないんだよ」と繰り返している。事例では「きたない」言葉を吐くクライエントの「きれいさ」に思いを馳せるという現象が見られた。またその著書で，セラピストや「正常」とされる人々の中に潜む「影」に言及している。

　一方Dの語りは「肯定が否定であり，否定が肯定である」表現を多く用いており，事例においても「死になさい，が生きなさいのメッセージ」として作用している。とらえどころのない表現のリフレインによって，二項対立の構造

が固定したものではなく，シーソーのように変化するダイナミックなものとなりえた。その中で，治療に〈あそび〉を生じさせ，「芝居としての治療」という場を生み出している。

このように，両者の語り方の違いには臨床観の違いが端的に表れている。筆者はAの臨床観について，シェイクスピアを引用し「きれいはきたない，きたないはきれい」という言葉で表現したが，同じくシェイクスピアを用いるならば，Dの臨床観は「この世は舞台，ひとはみな役者」という言葉で表せるかもしれない。

「役」としてのセラピストと「舞台」としてのセラピスト
——セラピストDとセラピストEの比較

既述のように，Dは心理療法を「芝居」になぞらえている。そこでクライエントとセラピストは役を演じている。一方，Eの語りには「相手を生かすために自分が舞台になる」という表現が見られた。両セラピストは，「芝居」という観点を持つという点で共通しているが，Dが「役を演じる」方に力点を置いたのに対して，Eは「舞台」に比重を置いている。

解釈で述べたように，Dの語りからは，舞台の上で，セラピストとクライエントがそれぞれの役を演じており，あるときはシナリオ通り，あるときはアドリブで，というダイナミズムが見られた。

一方，Eは自らが「舞台」そのものとなっており，クライエントの「背景」として後方に退いている。「役を演じる」というとき，セラピストはクライエントとの関係性の中にいる。しかし，「舞台」となるとき，セラピストはクライエントを包み込む——いわばholdingする——「場」として存在する。セラピストが舞台そのものとなるとき，セラピストの存在は一瞬消えている。そこにいるのに，そこにいない。「セラピストとともに」演じるという次元を超えて，クライエントはいつの間にか，気づいたら一人で舞台の上を自在に飛び回っていた，という現象が起きる。そこで，「他ならぬ自分自身の力で私は治ったのだ」という感覚が生じうるのである。

Dの「役を演じる」という運動があるとき，必然的に「役を降りる」という

運動が想定される。セラピーの場では「セラピスト」という仮面を被り，衣を纏う。D 自身，「治療関係の変化と，日常での人間関係の変化が同時的に起こる」と述べているように，日常とセラピーの場は区別されている。セラピーは役を演じる「非日常」であり，そこにパラレルなものとして日常があるといった考え方である。

一方 E の語りでは，セラピーの日常性や生活という観点が強調されている。「舞台」はあくまで日常と地続きであり，両者の区別は曖昧である。セラピーと日常とは，パラレルに存在するのではなく，重なるものである。仮面を被って演じるのではなく，「素材としての自分をありのままに提供する」ことが重視されている。

この違いは，ウィニコット（1971）の doing と being の違いとも重なるだろう。D が芝居の中のいわゆるアクション（doing）によって転機をもたらしたとすれば，E は舞台として「いること」（being）によって治療を支え，動かしている。舞台として存在することは，クライエントを抱える環境として，居場所として機能することにもつながるものである。

persona と personal を超えて── Impersonality という次元

D は「私個人の感情がもろに出ちゃった」と述べているが，転機において，仮面いわば persona[11] が外れ，personal[12] なものが表面に出ている。E もまた，personal な語りをしており，それに賦活されてクライエントの personal なものが表れている。しかし同時に，「我が感じられない」と筆者が述べたように，E 自身が「媒介」として存在するような側面が見られた。「舞台」とはまさに impersonal[13] なものである。

---

11) ラテン語で，古典劇において役者によってつけられた仮面（マスク）を意味する。ユングはこの語を借用し，人が外界への適応に必要とする心の内部の組織をペルソナと名づけた。（『心理臨床大事典』）
12) 個人の，個人的な，私的な。人称の。（『ジーニアス英和大辞典』）
13) 個人に関係のない，非個人的な，個人の感情を含めない。非人称の。（↔ personal）（『ジーニアス英和大辞典』）

ここで，DとEの比較を発展させて，persona／personal／Impersonality という視点から言葉と転機について捉え直したい。そのためにまず，第Ⅰ部で触れた Impersonality（非人称性）について，再度整理しておきたいと思う。

　Impersonality（Rogers, 1951）とは，心理療法において，クライエントにとってセラピストが，一人の人間としての個性がまったく消え去っているかのように映る現象を示す。このとき，クライエントはセラピストに語るのではなく，セラピストを通して自分自身に語るのである（諸富，1997）。「非人称性」の定義には「個人として存在しない」という意味があり，セラピストの人格は，瞬間的に，「他者の心の状態に参入する」という共感的状態に移行する（Havens, 1986）。つまりこのとき，「独立した個人としてのセラピストの個別性は薄らぐ」のである。

　翻って，セラピストの persona／personal／Impersonality について再考する。本章で論じてきたように，転機においては，日常的な役割関係，いわば persona を被った関係性を打ち破るという現象が起きている。この「役割を超える」運動については「他者性」という概念を用いて考察を行った。その後，セラピストの比較において，言葉が自他融合的な関係の中で届く場合と「異物」として届く場合とが存在することを明らかにした。前者は，セラピストが「場」いわば「舞台」として機能しており，Impersonality の側面が際立っている。一方，後者では，セラピストの personal な感情や限界の吐露という側面が際立っていると言えよう。

　しかし，さらに考察を深めていくと，一見セラピストの personal な表れと見られたものの中に，impersonal な要素が潜んでいることがわかる。

　Aは，「イメージを言葉にした」と述べているように，「煙幕」というイメージが言葉として立ち現れている。Bは，「外から何かを与えるのではなく，クライエントの本来の力を引き出す」という点で，クライエントの中に見えた言葉を引き出している。Cは，クライエントの夢を手がかりに潜在可能性を見出しており，それが言葉として表れている。Dは，自らの言葉が「操作的なものではない」と述べ，意図せず言葉がおのずと「出てきた」ことを強調している。Eについては既述のように，personal な語りと同時に，impersonal な「舞

台」としての自分を提供している。

　以上のように，治療の場で起きている事象を言葉にしたり，クライエントの中のものを言葉にしたりすることで，転機が生じている。いわばpersonalなものをimpersonalな形で提示したり，逆にimpersonalなものをセラピストのpersonalなものとして発したりという現象が見られる。森岡（1989）は，治療の場では，「私は私である」という人称的前提をいったん覆し，前人称・非人称的世界へと個人を返すような運動が生じていると述べた上で，個人が言葉を使うのではなく，「言葉が自ら語る」といった次元が開かれることの重要性を指摘している。本研究においては，役割を演じるというpersonaを超えて，personalなものが表れる運動が見られたが，さらに「セラピストが語る」という主語を離れて，治療の場がImpersonalityという次元へと開かれる運動が見られた。

　ヘイヴンズ（1986）は，共感的な言語化においては，たとえばクライエントの恐怖心について，セラピストが「あなたは，恐ろしいと感じている」と言う代わりに，「それは，恐ろしい」(It is terrifying.) という表現によって，「あなたが経験していることを思うと私自身も恐ろしくなる」ということを伝えると述べている。このときの表現は，「それは……」(It is……) という非人称の文型であることが特徴であり，感情というもっとも個人的な状態が，非人称という非個人的な形で伝えられるのである。

　本書のテーマは「セラピストの言葉がクライエントに届くとき」であったが，ここにきて，「セラピストの言葉」という前提が揺らぎつつある。言葉はもはや媒介ではなく，セラピストという媒介を通して，言葉自体が生まれるという運動が見られたからである。言葉の主（あるじ）はセラピストでもクライエントでもなく，"it" かもしれない。it がいわゆる id と重なる点は興味深い。それは，治療の場や関係性の中からおのずと生まれた無意識の言葉ともいえるだろう。Impersonalityという観点から捉え直すならば，テーマを「クライエントとセラピストのあいだに言葉が立ち現れるとき」と表現した方がより現象に即しているようにも思われるが，これについては，次章で改めて触れたい。

III 先行研究との比較と本研究の臨床的意義

さて、本章で得られた知見を先行研究と比較した場合、どのような共通点や相違点が見出されるだろうか。

クライエントの主体性——クライエント中心主義とは異なる文脈で

本研究では、転機においてクライエントが主体性を獲得していくプロセスが見られた。臨床の現場においても、クライエントの主体性を尊重することの重要性はしばしば指摘されている。そもそもロジャーズのクライエント中心療法は、精神分析で治療者がイニシアチヴをとりすぎることへのアンチテーゼとして始められたものであった。しかし近年、「傾聴」や「反射」などの技法ばかりが一人歩きし、根底にある「クライエントの主体性を重視する」という姿勢については、形骸化する傾向にあるとの指摘も見られる（村瀬孝雄, 2004）。そしてたとえば、「ロジェリアン」が「伝え返し」という技法を、内容を伝え返すことだと単純浅薄に理解していると述べ、「仏作って魂入れず」であると指摘している。また諸富（2004）は、クライエント中心療法が普及した際の問題点について以下のように述べている。

> クライエント中心療法はこれまで、「指示を与えてはならない」「質問に答えてはならない」「解釈してはならない」といった暗黙の「禁止のルール」に縛られてきた。またその理論が、抽象的な態度概念によって構成されているため、自分はほんとうに「受容できたか」「共感できたか」「純粋でいられたか」と精神主義的な内省に追い込まれやすいという欠陥を抱えていた。カウンセラーが自分の実感に基づいて自由かつ率直にかかわっていくことの大切さを説きながら、どこか硬直した側面があったのである。

クライエント中心療法はロジャーズの意図とは裏腹に、臨床現場において「ハウツー主義」（諸富, 1997）に陥りやすい側面を抱えていたと思われる。

このように、「クライエントの主体性」の重視は理念としてはたびたび掲げられつつも、心理療法の現場において、実践することは難しいものと思われ

る。本研究ではしかし，ベテラン領域のセラピストを対象に調査を行ったことで，クライエントの主体が呼び覚まされるプロセスを具体的な事例に即して詳(つま)らかにできたという点で，臨床的意義があるものと思われる。

クライエント−セラピスト関係のダイナミズム

　また，図10-1；①，②，③のようなクライエントとセラピストの関係性は，従来の心理療法の中では，それぞれ独立して静的に存在するものと捉えられていた。たとえば河合（1992）は，治療者にはそれぞれ自分の得意とする治療モデルがあると指摘した上で，「『治す』タイプの治療者は，それを行うために自分がよって立つ理論にクライエントの方を合わせようとし過ぎて，『解釈』を押しつけたり，不当な要求をしたりして，クライエントの本来的な生き方を歪ませようとしていないかを常に反省する必要がある。『治る』ことを強調する人は，クライエントの自主性という考えに甘え，治療者の責任や能力という点で厳しさに欠けるところがないかを反省するべきである」と述べている。このように，図10-1におけるそれぞれの治療モデルは，セラピストのタイプによって独立して存在していると考えられる傾向が強く，臨床の現場においても，セラピストはいずれかのモデルを自分の治療スタンスとして維持する事例が多いと思われる。

　しかし本研究では，一人のセラピストの中で，あるいは一つの事例の中で，関係性が変化し，立場の反転が起こるという運動が見られた。つまり，図10-1のいずれのモデルにおいても，それを固定した関係性として維持するのであれば，河合（1992）が指摘したような偏りが生じてくる。しかし，これらのモデルを静的なものと捉えずに，相互に行き来する，可変的でダイナミックなものと捉えることで，より実践的な臨床像を打ち出すことが可能となった。本研究で対象となったベテラン領域のセラピストにおいては，自らの治療モデルを固定せずに，クライエントや治療状況に応じて，一見矛盾した関係性のあり方を柔軟に行き来することができるのであり，そのダイナミズムにこそ治療的意味があると考えられる。このようなモデルを打ち出した点でも，本研究は臨床心理学的な意義を持つものと思われる。

第11章
「言葉と転機」への逆照射を試みる

筆者のささやかな体験を交えつつ

I　言葉とその周辺——コンテクストの重要性

　セラピストA〜Eの事例ではさまざまな言葉をきっかけに転機が生じた。既に分析してきたように，その言葉は，そのとき，そのセラピストとクライエントとのあいだで発せられたからこそ意味のある言葉となりえたのである。「言葉によって生じる転機」というとき，まるで治療には「魔法の杖」があるかのような錯覚に陥りやすいかもしれない。しかし，一つの言葉が効力を持ちうるとき，言葉そのものよりも，むしろそのコンテクストにこそ着眼すべきであろう。コンテクストとはすなわち，言葉の発せられるタイミング，セラピストの熟練度やその言葉に込められた意味合い，クライエントの症状や治療段階，そして両者の関係性やそれまでの歴史，等を含む。同じ言葉でも使い手が違えば，当然意味合いが違ってくる。同様に，相手が違えば受け取り方も異なるだろう。たとえ同じセラピストとクライエントの組み合わせであっても，ひとつの言葉が効力を持つのは，「まさにそのとき」に発せられたときであり，そのような劇的な瞬間はなかなか訪れるものではない。この意味で，言葉というのは生き物であり，常に一回限りのものである。効果のありそうな言葉を決め台詞として「応用」しようとすれば，その言葉は精彩を欠いたものになる。言葉の一回性という点を改めて強調しておきたい。

II 「キーワード」の功罪

　一方で，転機における言葉が「常備薬」として発展する場合もある。幾度か難所を乗り越え，クライエントとセラピストの関係性ができてくると，両者のあいだにおのずとキーワードが浮かんでくる。たとえば，何事につけても焦りやすいクライエントには「ブレーキ」だったり，物事をはっきりさせないと気が済まないクライエントには「グレーゾーン」だったり，という具合である。

　こうした言葉は，必ずしもオリジナリティあふれるユニークな言葉とは限らない。「ブレーキ」や「グレー」のように，表現自体はあまり目新しくないものだったり，既存のものであることもある。しかし，たとえ手垢のついた表現であれ，その言葉を機に何かが変わった，その言葉が支えになった，そうした体験に裏打ちされてさえいれば，そしてクライエントとセラピスト両者に実感をもって共有されてさえいれば，言葉は力を持ちうる。

　こうした言葉は，治療の中の「キーワード」として，その後も治療を支えていくことが多い。なにかつまずきそうになると，その言葉に立ち返る。焦り始めたら，「あ，そうだ，ブレーキ，ブレーキ」といったように。セラピストがほのめかすこともあれば，クライエント自らそれを持ち出し，言い聞かせるようにつぶやくこともある。二人が面接室で，キーワードを呪文のように唱え，反芻し，噛みしめ合うことも起こる。いわば両者のあいだの「合い言葉」のようになり，立ち返る「拠点」のような効能を持ってくる。そうした作業を繰り返すうちに，キーワードはクライエントの中に自然に取り込まれ，一人のときにもクライエントを支える言葉となりうる。「あのときすごく焦ってパニックになりそうだったけど，ブレーキ，ブレーキ，とつぶやいて落ち着きました」という現象が起きてくる。

　ただし，ここには落とし穴もある。ある問題を乗り越えるときに役に立った解決策が，他の問題にそのまま応用できるとは限らない，といういわば当然のことが見過ごされてしまうのである。一見すると同じ「焦り」でも，その時々で，体験は少しずつ「ズレ」を含んでいる。それを「焦り」という言葉でひとくくりにして，「ブレーキ」という言葉を万能薬のように使い始めた途端，盲

点が生じる。「あれ，いつも効くのに今回はなかなか効かないなあ」という現象が起こる。一つの言葉を中心にぐるぐる回っていると思っていたら，気がつけばクライエントは次の段階にいたとき。あるいは，新たな問題が水面下で起きていて，それが，あたかもこれまでと同じような様相を呈して表面化しているにすぎないとき。そのような局面で，こうした現象が起きやすい。そしてこの現象は往々にして，一つのキーワードの上でセラピストが安住しているときに起きる。セラピストの惰性をクライエントは瞬時に見抜き，「もはやその言葉は効果がないですよ」というメッセージをさまざまな形で送るのである。われわれセラピストは，言葉の「鮮度」あるいは「賞味期限」というものに敏感でなければならないとつくづく思う。

Ⅲ　ぴったりとした言葉とぼんやりとした言葉

　「言葉によって生じる転機」というとき，第Ⅰ部で述べたフェルトシフトの現象のように，クライエントの感情や体験にぴったりと合致した言葉というのを想起しやすい。しかし，実際にセラピストA～Eの発した言葉に着目すると，さまざまな特徴が見られた。
　セラピストの代表的な技法の一つに「明確化」というものがある。これは，クライエントが周辺的なことを言っていたり，曖昧な言い方をしている際，セラピストがその要点を言語化するものである。このときクライエントは，「ああ，そうなんです」と溜飲（りゅういん）が下がった表情を浮かべて，「言葉をもらった」といった表現をすることが多い。
　しかし，これはほんとうに治療的なのだろうか，という疑問がふと頭裏をよぎる。セラピストEの「結論ではなくヒントを与える」という言葉に今一度立ち返ると，「答え」をセラピストが与えることは，クライエントの主体性を奪うことになりかねないのではないか。
　心理療法において，言葉は時に大きな治療効果をもたらす。しかしこれは裏を返せば，言葉が文字通り「劇薬」であり，クライエントに「副作用」をもたらしうるということの証左でもある。北山（1989）は，何もかも言葉で表現す

ることは,「幻想的なものを言葉で圧倒して台無しにしたり,中身を取り出して身も蓋もないものにしたり,未分化なものを切り刻んだりして,育ちつつあるものをぶち壊しにする可能性がある」と指摘している。

実際,今クライエントに起きている現象に,言葉を与えてしまうと,ほんとうにそうなってしまう危険性がある。言葉とは,命名とは,それほどの力を持ちうる。

たとえばクライエントが,「母はすぐ激昂して,そうかと思ったら次の瞬間には平謝りして,私のことを可愛がって褒めてくれて,……私はずっと母のことをケアしてきました」と述懐したとき,セラピストが「ああ,お母様はパーソナリティ障害ですね。あなたはACだったんですね」などと応じれば,その瞬間,母親は「パーソナリティ障害」に,クライエントは「AC」になりかねない。そして,言葉によっていったん定義され,固定化されたものは,その後なかなか動きづらい。

クライエントが「よくわからないんです」というモヤモヤを抱えて来談したとき,セラピストは,「それは,こういうことじゃないですか」と定義するより,「ほんと,よくわからないですね」と応えるくらいの方が,かえって治療的ではないかとすら感じる。クライエントの「わからなさ」に対して,安易に名づけることをせず,「モヤモヤ」を共有しながら,「ああでもない,こうでもない」と,ともに揺れる。言葉を発するとすれば,敢えてぼんやりとした,曖昧な表現にとどめておく。そのうち,クライエントが自ら言葉を発見することが多い。先ほどの例で言えば,「ああ,ひょっとしたら,お母さんは,寂しかったんだろうな」といった言葉に行き着いたりする。その言葉は,フロイトの言葉より,あらゆる心理療法の専門用語より,よほど現象に即した,重みのあるものであることは言うまでもない。

以上のように考えたとき,わからなさに対して「何か」という曖昧な状態のまま,保留にするという姿勢は,性急に言葉にしようとするより治療的である場合も多いと思われる。

IV　言葉は「届ける」ものではない──あいだにそっと置くこと

　今一度，本研究の出発点に立ち返りたい。本研究は，筆者が抱いた「セラピストの言葉がクライエントに届くのはどのようなときだろう」という素朴な疑問から始まった。しかし，このテーマの背景には，駆け出しのセラピストが抱きがちな，密かな万能感が見え隠れしているように思われる。「自分の発した言葉をきっかけに，治療に劇的な変化が訪れたら」という願望すら垣間見える。
　そもそもセラピストの言葉は，クライエントに届けるために発せられるべきものだろうか。相手に自分の言葉が入っていくことばかりに気を取られていたら，押しつけがましくなり，クライエントの主体性を奪うことになるだろう。現場で働き始めた頃，まさにこの点について上司から指摘を受けた。その方の言葉をここで引用したい。

　　「言葉を自分（セラピスト）とクライエントのあいだに置いて，それを受け取るのも受け取らないのも，あなたの自由ですよ，という姿勢が大切なんです」

　セラピストEの語りにも通じるが，ここにはまさに，クライエントの主体性を尊重する臨床観があると思われる。言葉を「届けよう」とすることは，ともすると侵襲的な態度になりやすい。言葉をあくまで，相手と自分とのあいだにそっと置いて，それを受け取るかどうかは相手の選択や判断に委ねる，そうした姿勢が重要と思われる。本研究でのセラピストの事例においても，言葉は意図的・操作的に発せられたものではなかった。「届いた」という現象は，結果的にそうなったのであり，最初から意図して行ったわけではないことを，改めて強調しておきたい。

V　回路が開ける──双方向的な運動として

　「セラピストの言葉がクライエントに届く」というとき，一方向的な印象を受ける。前章で論じた「クライエントが主体性を取り戻すこと」や「役割の反転」，さらにImpersonalityについての考察から，再度「届く」という現象を

捉え直すとどうだろうか。

　事例において，「セラピストの言葉がクライエントに届く」現象と「クライエントの言葉がセラピストに届く」という現象はほぼ同時に起きている。セラピストAの事例において，クライエントが「お前が俺の言葉を聞いた初めての人間だ」と述べたのは，これが啐啄同時とも言える現象であることを示唆している。クライエントの言葉をセラピストが身体感覚として理解してはじめて，セラピストの言葉もクライエントの身体に響くものとなりうる。クライエントの体験世界を，「これ」という言葉でなぞることができたとき，鍵穴に鍵がカチリとはまるように，両者に共有できる言葉になりうる。つまり，「言葉が届く」という現象は，クライエントとセラピストのあいだに「回路」が開けるときであり，きわめて双方向的な運動と言えるだろう。

　そもそも，一つの言葉が力を得て，治療を動かすとき，その言葉を発したのがクライエントかセラピストか，ということはあまり問題にならない。クライエントがずっと抱えていて，言葉にできずにいるものをセラピストが代わりに言葉にした，という事象もある。あるいは，セラピストの抱える不如意な感情をあらわにすることを，クライエントが許し，促した，という事象もある。筆者の体験においても，クライエントに言うべきか言うまいか，ずっと迷って抱えていた言葉が，あるときふと，クライエント自身の口から発せられて驚いたことがある。このように，臨床において言葉の主体は限りなく曖昧で，まさにimpersonalなものである。「セラピストの言葉」「クライエントの言葉」と区切るよりも，言葉は，治療の場から生まれたものであり，関係性の産物であると言った方が正しいのかもしれない。

VI　何気ない日々の積み重ねと時間

　本研究は，心理療法における緩徐な変化と区別した，急激な変化である「転機」に着目したものである。転機では，確かに目に見えるわかりやすい形で，治療に何らかの変化が生じている。しかし，前章でも述べたように，むしろ重要なのは，「量の作業」「飽和状態」と表現されたような，そこに至るプロセス

であった。

　村瀬（1995）は，「精神療法とはartに似て，華麗でドラマティックなものという印象を抱かれる方が，ときに，あるようにみえる。しかし，心病める人とのかかわりは，地味で，こつこつした行為の積み重ねである。そうした忍耐強い営為の中にある，光る一瞬があるのであろう」と指摘している。そして，ベッテルハイム（1955）のもとで育ち直り巣立ったある青年が，「今の君をあらしめるために役立ったことは何か」と尋ねられて，「ちょっとした出来事，何気ない日々の積み重ねと時間」と答えたというエピソードを紹介している。

　このように，心理療法という営みは，「転機」というドラマティックな現象では捉えられない，「地味で，こつこつした行為」あるいは「何気ない日々の積み重ね」がむしろ中心であり，そこに治癒の要があると言える。心理療法を行う上で，表面的な変化にばかり目を奪われずに，底流にある「忍耐強い営為」を続けることの重要性を改めて強調して，本書を終えたいと思う。

引用・参考文献

Anderson, H. & Goolishian, H.（1992）The Client is the Expert: A not-knowing approach to therapy. In Mcnamee, S. & Gergen, K. J. eds.
Anderson, R. & Cissna, K. N.（1997）The Martin Buber-Carl Rogers Dialogue: A New Transcript with Commentary. State University of New York Press.（山田邦男訳（2007）ブーバー・ロジャーズ対話―解説付き新版．春秋社．）
青木省三（2006）「おわりに」より．村瀬嘉代子．心理臨床という営み．金剛出版．
Balint, M.（1968）The Basic Fault: Therapeutic Aspects of Regression. Tavistock Publications.（中井久夫訳（1978）治療論からみた退行―基底欠損の精神分析．金剛出版．）
Bettelheim, B.（1955）Truants from Life: The Rehabilitation of Emotionally Disturbed Children. The Free Press.
Bohm, T.（1992）Turning points and change in psychoanalysis. International Journal of Psycho-Analysis 73.
Borbely, A.F.（1998）A Psychoanalytic Concept of Metaphor. International Journal of Psychoanalysis 79.
The Boston Change Process Study Group（2010）Change in Psychotherapy: A Unifying Paradigm.（丸田俊彦訳（2011）解釈を越えて．岩崎学術出版社．）
Cohen, M. Z.（2000）Hermeneutic Phenomenological Research. Sage Publications.（大久保功子訳（2005）解釈学的現象学による看護研究．日本看護協会出版会．）
土居健郎（1967）第63回日本精神神経学総会シンポジウムのコメントより．精神医学9（4）．
Duncan, B. L.（1989）Paradoxical procedures in family therapy. In M.Ascher（Ed.）, Therapeutic paradox. New York: Guilford.
Ellenberger, H. F.（1973）La notion de kairos en psychothérapie. 精神療法におけるカイロスの意味．（中井久夫編訳（1999）エランベルジェ著作集2　精神医療とその周辺．みすず書房．）
Emerson, R.（1995）Writing Ethnographic Fieldnotes. The University of Chicago Press.（佐藤郁哉訳（1998）方法としてのフィールドノート―現地取材から物語作成まで．新曜社．）
Engels, F.（1879）Dialectics of Nature.（秋間実訳（2000）自然の弁証法〈抄〉．新日本出版社．）
Erikson, E. H.（1950）Childhood and Society. Norton.
Everstein, L.（1980）Privacy and Confidentiality in Psychotherapy. American Psychology 3.
Freud, S.（1900）Die Traumdeutung（高橋義孝訳（1969）夢判断．新潮社．）
Freud, S.（1912）Ratschläge für den Arzt bei der psychoanalytischen Behandlung.（小此木啓吾訳（1983）分析医に対する分析治療上の注意　フロイト著作集9．人文書院．）
Freud, S.（1940）Abriß der Psychoanalyse.（小此木啓吾訳（1983）精神分析概説　フロイト著作集9．人文書院．）

藤沢令夫（1969）実在と価値―哲学の復権．筑摩書房．
藤田千尋（1967）治療機転における自己超越について．精神医学9（4）．
Gadamer, H.-G.（1976）Philosophical hermeneutics.（D. E. Linge, Ed. & Trans.）Berkeley: University of California Press.
Gendlin, E. T.（1978）Focusing. Bantam Books.（村山正治他訳（1982）フォーカシング．福村出版．）
Gergen, K.（1999）An Invitation to Social Construction. Sage Publications.
濱野清志（2008）覚醒する心体―こころの自然／からだの自然．新曜社．
濱野清志（2008）気からみた心理臨床―気功を導入した臨床事例をもとに．臨床心理研究 京都文教大学心理臨床センター紀要 第10号．
長谷正人（1991）悪循環の現象学．ハーベスト社．
橋本元秀（1989）境界例に対する話し方．現代のエスプリ264 言葉と精神療法．至文堂．
Havens, L.（1986）Making Contact: Uses of Language in Psychotherapy. Harvard University Press.（下山晴彦訳（2001）心理療法におけることばの使い方―つながりをつくるために．誠信書房．）
Hegel, G.W.（1812）Das Sein. Neu herausgegeben von Hans-Jürgen Gawoll. Hamburg, Meiner, 1990.（鈴木権三郎訳（1932）大論理学 ヘーゲル全集上巻（有論）．岩波書店．）
日笠摩子（2003）心の機微と言葉―フォーカシングの視点から．臨床心理学3（2）．
Hill, C. E., & Lambert, M. J.（2004）Methodological issues in studying psychotherapy processes and outcomes. In M. J. Lambert（Ed.）, Bergin and Garfield's Handbook of Psychotherapy and Behavior Change. New York: John Wiley & Sons.
平木典子（2010）統合的介入法．東京大学出版会．
飯森眞喜雄（1989）分裂病の言葉の取り扱い．現代のエスプリ264 言葉と精神療法．至文堂．
飯森眞喜雄（2004）統合失調症，詩歌，母語―精神療法における言葉 語り・物語・精神療法．日本評論社．
石坂好樹（1998）精神療法の基礎学序説．金剛出版．
伊藤良子（2001）心理治療と転移―発話者としての〈私〉の生成の場．誠信書房．
岩壁茂（2008）プロセス研究の方法．新曜社．
皆藤章（1998）生きる心理療法と教育―臨床教育学の視座から．誠信書房．
神田橋條治（1982）芸術療法学会席上でのシンポジストとしての発言から．
神田橋條治（1990）精神療法面接のコツ．岩崎学術出版社．
神田橋條治（2008）カンファレンスにおける発言から．
笠原嘉（1967）精神療法一般の治療機転についての一考察．精神医学9（4）．
河合隼雄（1981）臨床心理学におけるケース研究 臨床心理ケース研究1．誠信書房．
河合隼雄（1986）心理療法論考．新曜社．
河合隼雄（1987）影の現象学．講談社学術文庫．
河合隼雄（1992）心理療法序説．岩波書店．
河合隼雄（1998）日本人という病．潮出版社．
河合隼雄（2000）イニシエーションと現代 講座心理療法1 心理療法とイニシエーション．

岩波書店.
河合隼雄（2001）「物語る」ことの意義　講座心理療法2　心理療法と物語．岩波書店.
河合隼雄（2001）心理療法と人間関係　講座心理療法6．岩波書店.
河合隼雄編（2001）心理療法と因果的思考　講座心理療法7．岩波書店.
木下康仁（1999）グラウンデッド・セオリー・アプローチ．弘文堂.
木下康仁（2007）ライブ講義M-GTA―実践的質的研究法　修正版グラウンデッド・セオリー・アプローチのすべて．弘文堂.
北山修（1985）錯覚と脱錯覚．岩崎学術出版社.
北山修（1988）心の消化と排出．創元社.
北山修（1989）創造と解釈．現代のエスプリ264　言葉と精神療法　至文社.
北山修（1993）言葉の橋渡し機能―およびその壁．岩崎学術出版社.
北山修（2001）幻滅論．みすず書房.
Kleinman, A. (1988) The Illness Narratives: Suffering, healing and the human condition. Basic Books.
Kockelmans, J. J. (1975) Towards an interpretive or hermeneutic social science. Graduate Faculty Philosophy Journal: New School of Social Research 5.
倉光修（1995）臨床心理学　現代心理学入門5．岩波書店.
Lacan, J. (1975) Les Écrits Techniques de Freud. Éditions du Seuil.（小出浩之他訳（1991）ジャック・ラカン―フロイトの技法論下．岩波書店.）
Levinas, E. (1961) Totalité et infini. Martinus Nijhoff, Hagg.（合田正人訳（1989）全体性と無限―外部性についての試論．岩波文庫.）
Little, M. I. (1990) Psychotic Anxieties and Containment: A Personal Record of an Analysis with Winnicott. Paterson Marsh.
増井武士（1989）「置いておく」こと，と「語りかける」こと．現代のエスプリ264　言葉と精神療法．至文堂.
Mcleod, J. (2000) Qualitative Research in Counselling and Psychotherapy. Sage Publications.（下山晴彦監修（2007）臨床実践のための質的研究法入門．金剛出版.）
Miller, S. D. (1986) Escape from Babel: Toward a Unifying Language for Psychotherapy Practice. W. W. Norton & Company.（曽我昌祺訳（2000）心理療法・その基礎なるもの―混迷から抜け出すための有効要因．金剛出版.）
Miller, W. R. (1986) Increasing motivation for change. In W. R. Miller & N. H. Heather (Eds.), Addictive behaviors: Processes of change. New York: Plenum.
溝口純二（2003）相手に届く言葉．臨床心理学3 (2).
茂木洋（1988）青年期過程・心理治療過程における自己の変化―従来の研究の検討を中心に　臨床的知の探求（下）．創元社.
森有正（1977）経験と思想．岩波書店.
森岡正芳（1989）臨床における言葉の機能と役割．現代のエスプリ264　言葉と精神療法．至文堂.
諸富祥彦（1997）カール・ロジャーズ入門―自分が"自分"になるということ．コスモス・

ライブラリー．
諸富祥彦（2004）「クライエントセンタード」はどこへ行くのか．村瀬孝雄・村瀬嘉代子編．ロジャーズ―クライエント中心療法の現在．日本評論社．
村井潤一（1987）言語と言語障害を考える．ミネルヴァ書房．
村井潤一・中島誠・岡本夏木（1999）ことばと認知の発達．東京大学出版会．
村岡倫子（2000）精神療法における心的変化―ターニングポイントに何が起きるか．精神分析研究 44（4・5）．
村岡倫子（2005）精神療法における心的変化―ターニングポイントと治療契約．精神分析研究 49（2）．
村瀬嘉代子（1995）子どもと大人の心の架け橋―心理療法の原則と過程．金剛出版．
村瀬嘉代子（1996）子どもの心に出会うとき―心理療法の背景と技法．金剛出版．
村瀬嘉代子（1998）心理療法のかんどころ．金剛出版．
村瀬孝雄他（2004）フォーカシングからみた来談者中心療法．村瀬孝雄・村瀬嘉代子編．ロジャーズ―クライエント中心療法の現在．日本評論社．
妙木浩之（2005）精神分析における言葉の活用．金剛出版．
中井久夫（1984）分裂病．岩崎学術出版社．
中井久夫（1985）精神医学の経験．岩崎学術出版社．
中本征利（1997）「転移／逆転移」概論―フロイト派の立場から．氏原寛・成田善弘編．転移／逆転移―臨床の現場から．人文書院．
成田善弘（2005）治療関係と面接―他者と出会うということ．金剛出版．
西平直（2005）教育人間学のために．東京大学出版会．
西園昌久（1983）死との戯れ―手首自傷症候群を中心に．岩波講座　精神の科学 10．
野口裕二（2002）物語としてのケア―ナラティヴ・アプローチの世界へ．医学書院．
能智正博（2011）質的研究法．東京大学出版会．
小此木啓吾（1967）精神療法の治療機序および治療機転―自然治癒における治療機転との異同．精神医学 9（4）．
小此木啓吾編（2002）精神分析事典．岩崎学術出版社．
大場登（1998）夢分析と治療関係．小川捷之・横山博編．心理臨床の実際　第 6 巻―心理臨床の治療関係．金子書房．
大澤真幸，他（1995）他者・関係・コミュニケーション．岩波書店．
Prochaska, J. O. (1995) Common problems: Common solutions. Clinical Psychology: Science and Practice, 2　Miller, S. D. (1997)（曽我昌祺訳（2000）心理療法・その基礎なるもの―混迷から抜け出すための有効要因　所収．）
Radnitzky, G. (1970) Contemporary schools of Metascience. Goteborg: Akademiforlaget.
Ricoeur, P. (1965) De l'interprétation: Essai sur Freud.（久米博訳（1978）フロイトを読む―解釈学試論．新曜社．）
Rogers, C.R. (1951) Client-Centered Therapy, Houghton Mifflin.
Rothstein, A. (1997) Turning points in psychoanalysis. Journal of the American Psychoanalytic Association 45 (4).

佐藤夏生（1968）転機に関する心理学的考察．犯罪心理学研究6（1）．
Shakespeare, W.（1962）Macbeth. The Arden Shakespeare, Methuen & Co.
Shakespeare, W.（1975）As You Like It. The Arden Shakespeare, Methuen & Co.
Simon A. G.（1990）The Work and Play of Winnicott. Jason Aronson.（野中猛他訳（1998）ウィニコット入門．岩崎学術出版社．）
園原太郎（1983）認知の発達．サイエンス社．
Stewart, H.（1990）Interpretation and other agents for psychic change. International Review of Psycho-Analysis 17.
Strachey, J.（1934）The nature of the therapeutic action of psychoanalysis. International Journal of Psycho-Analysis 50.
菅村玄二（2008）認知の修正から意味の転換，そして語りの復権性へ．森岡正芳編．ナラティヴと心理療法．金剛出版．
Sullivan H. S.（1954）Psychiatric Interview. W. W. Norton & Company.（中井久夫他訳（1986）精神医学的面接．みすず書房．）
鈴木孝夫（1973）ことばと文化．岩波新書．
田畑治（1974）心理治療過程と治療的人格変化（II）．千葉大学教育学部研究紀要23．
竹内敏晴（1988）ことばが劈かれるとき．ちくま文庫．
田村京子（1992）「〈私〉に現れる他者」について．新田義弘編．他者の現象学II—哲学と精神医学のあいだ．北斗出版．
塚崎直樹（1993）精神科主治医の仕事—癒しはどのように実現されるのか．アニマ2001．
氏原寛・成田善弘・東山紘久・亀口憲治・山中康裕編（2004）心理臨床大事典［改訂版］．培風館．
氏原寛・成田義弘編（1997）転移／逆転移—臨床の現場から．人文書院．
牛島定信（2008）境界性パーソナリティ障害．金剛出版．
Wachtel, P. L.（1993）Therapeutic Communication: Knowing What to Say When. Guilford Publications.（杉原保史訳（2004）心理療法家の言葉の技術—治療的なコミュニケーションをひらく．金剛出版．）
渡辺久子（2008）子育て支援と世代間伝達—母子相互作用と心のケア．金剛出版．
White, M. & Epston, D.（1990）Narrative Means to Therapeutic Ends. Norton.（小森康永訳（1992）物語としての家族．金剛出版．）
Winnicott, D. W.（1958）Withdrawal and regression; in Collected papers-Through pediatrics to psychoanalysis, Tavistock, London.
Winnicott, D. W.（1971）Playing and Reality. Tavistock Publications.（橋本雅雄訳（1979）遊ぶことと現実．岩崎学術出版社．）
Winnicott, D. W.（1972）Holding and Interpretation: Fragment of an Analysis. Mark Paterson Associates.（北山修監訳（1989）抱えることと解釈．岩崎学術出版社．）
山中康裕（1978）少年期の心．中公新書．
山中康裕（2002）たましいと癒し—心理臨床の探求（1）．岩崎学術出版社．
横尾博志（2004）病者への語り—統合失調症者との会話を通じて．北山修他編．語り・物語・精神療法．日本評論社．

紙一重のところで
——あとがきにかえて——

　この本は，2009年に執筆した東京大学大学院の修士論文『言葉によって生じる転機についての一考察』のテーマに基づきつつ，今回新たに書き下ろしたものである。あれから数年経った現在，私は臨床心理士として精神科のクリニックに勤めている。

　インタビューにご協力いただいた先生方——山中康裕先生，梅津和子先生，濱野清志先生，塚崎直樹先生，村瀬嘉代子先生（掲載順）——は，現在も，第一線でご活躍されている方々である。本の大半はインタビューの分析に割いているが，書き終えた今改めて，その内容を半分も理解していない，ということをひしひしと感じさせられた。だからこの分析は不完全なものである。今の私には到底たどり着けない境地だ。一生かけて，少しでも近づいていければ，と切に思う。

　もしこの本に少しでも面白味があるとすれば，それは先生方の語りや事例の力にあると感じている。何十年にわたって積み上げられた知識や経験，そして大切にされている事例を，インタビューで惜しみなく語って下さった先生方に，深謝申し上げたい。臨床心理士としてまだ経験の浅い私が，このテーマに挑めたのは，そして，曲がりなりにも臨床について語ることが許されたのは，ご指導下さった村瀬嘉代子先生のおかげである。感謝の念に堪えない。本書の出版にあたっては，山中康裕先生に序文をいただいた。身に余る光栄であり，厚くお礼申し上げたい。また，この本の原点となった修士課程において，自由気ままに振る舞う私を大きな心で受けとめて下さった田中千穂子先生に，この場を借りて，深くお礼を申し上げたい。

　初めての出版という事態に戸惑い，右も左もわからない私に，根気強くご示唆を下さった編集者の立石正信さま，執筆に専念する私をいつも温かく見守っ

てくれた家族に，改めて感謝の意を表したい。

　最後に，現場でお会いするクライエントの方々，デイケアや作業所のメンバーの方々。そのひとりひとりの顔を思い浮かべつつ，私は筆を進めることができた。「あの方は，必死に生きておられるから，私も頑張って生きよう」という気持ちが，いつも私を支えてくれた。心からお礼を申し上げたいと思う。

　正直なところ私は，自分がセラピストであることに少なからず違和感を抱いていた。「職業はセラピストです」などと自己紹介する際にも，どことなく居心地の悪さを感じる。面接室で，テーブルのこちら側に私がいて，向こう側にクライエントがいる。表面上は，私が治す側で，相手が治される，という体裁をとっている。一見，両者の境界は明瞭なようである。

　しかし，それはものごとの一側面にすぎない。違う側面から眺めるならば，セラピストとクライエントは，紙一重のところにいるのだ。あるときは，役割を超えたり，役割が反転することすらある。本文では概念を多用しながら論じてしまったが，私が述べたかったのは，至極シンプルなことにすぎない。正常も異常も，紙一重ではないか。われわれは自らの中の異常さを包み隠しながら，正常なセラピストを演じているにすぎない。ふとした瞬間，それは顔を出し，いざという間際，それは露呈する。そのことに気づいているセラピストは少なくないだろう。私自身もまた，紙一重のところにいると感じている。このたびの執筆を通して，この感覚はよりいっそう，くっきりとした輪郭を持つようになった。一人の「セラピスト」として，あえてこの感覚を大切にしていきたいと考えている。

2015年1月

山尾陽子

【セラピスト略歴】

山中康裕（やまなか・やすひろ）
　1971年，名古屋市立大学大学院医学研究科卒業，医学博士。同年に同大学医学部助手，1974年，同講師を経て，1977年に南山大学文学部助教授，1980年に京都大学教育学部助教授。1992年，京都大学教育学部教授。その後，京都大学教育学部附属臨床教育実践研究センター長を経て，1998年より京都大学大学院教育学研究科教授。2001年，京都大学教育学部長，大学院教育学研究科長。第19期日本学術会議会員。2005年に退職し，京都大学名誉教授。京都ヘルメス研究所所長。2009年より浜松大学大学院教授。同附属臨床心理教育実践センター長。医学博士，臨床心理士。

梅津和子（うめづ・かずこ）
　1982年，京都大学教育学部教育心理学科卒業。民間病院心理士，福岡県立太宰府病院心理判定員などを経て，1997年にカウンセリングルーム，2000年にフリースクールを開設。2004年九州大学医学系学府医療経営管理学修士課程修了。現在は，上記カウンセリングルーム，フリースクールの運営の傍ら，障がい者福祉施設や精神科クリニックにも勤務。スクールカウンセラー，労働局労災補償課精神障害専門調査員，福岡県女性共同参画センター女性のこころの相談員などの活動も行っている。精神保健福祉士。

濱野清志（はまの・きよし）
　1979年，京都大学法学部卒業。1982年，京都大学教育学部卒業，1987年，京都大学大学院教育学研究科教育方法学専攻博士後期課程単位認定退学。京都大学教育学部研修員を経て，1988年に京都大学教育学部助手，1990年に九州大学教養部助教授。2002年，京都文教大学人間学部教授，京都文教大学心理臨床センター長を経て，2008年，京都文教大学臨床心理学部教授。2014年現在，京都文教大学臨床心理学部学部長。臨床心理士，京都大学博士（教育学）。

塚崎直樹（つかさき・なおき）
　1973年，金沢大学医学部卒業。同年京都大学医学部附属病院精神科にて研修開始，同院医員を経て，1980年，京都博愛会病院精神科勤務。精神科医長を経て，1998年地域活動の拠点として，デイケアを併設したつかさき医院を開設。院長として診療に関わる。保健所嘱託医として20年以上地域医療に関与。精神障害者のための作業所をいくつも設立し，運営委員長やNPO法人理事長として活動。現在は京都精神保健福祉推進家族会連合会の理事として家族会の活動を応援している。特に引きこもり青少年の支援，ピア活動への応援に力を入れている。

村瀬嘉代子（むらせ・かよこ）
　1959年，奈良女子大学文学部心理学科卒業。1959～1965年，家庭裁判所調査官（補）。1962～1963年，カリフォルニア大学大学院バークレイ校留学。1965年大正大学カウンセリング研究所講師，1984年より同助教授，1987年，同教授。1993年大正大学人間学部並びに大学院人間福祉学科臨床心理学専攻教授。2008年より，北翔大学大学院人間福祉学研究科教授，大正大学名誉教授（2009年より，同大学客員教授）。臨床心理士，博士（文学），日本臨床心理士会会長。

【著者略歴】

山尾陽子(やまお・ようこ)

福岡生まれ。
九州大学文学部卒業。
京都大学教育学部三年次編入，同大学卒業。
東京大学大学院修士課程教育学研究科卒業。
臨床心理士。
精神科つかさき医院スタッフ，東洋公衆衛生学院講師を経て，
現在，精神科白峰クリニック・錦糸町クボタクリニック勤務。

心理療法における言葉と転機
——プロセス研究で学ぶセラピストの技術——

2015年2月10日　印刷
2015年2月20日　発行

著　者　山尾　陽子
発行者　立石　正信

印刷所　三報社印刷
組版／装丁　志賀圭一

株式会社　金剛出版
〒112-0005　東京都文京区水道1-5-16
電話 03(3815) 6661(代)
FAX03(3818) 6848

ISBN978-4-7724-1412-8　C3011　　　　　Ⓒ 2015

心理療法の基本［完全版］
日常臨床のための提言

［著］＝村瀬嘉代子，青木省三

●四六判 ●並製 ●368頁 ●定価**3,600**円+税
● ISBN978-4-7724-1400-5 C3011

心理療法において最も大切なことは？
名著の［完全版］登場。
卓越した二人の臨床家による最高の"心理療法入門"！
臨床家必携。

心理療法家の言葉の技術［第2版］
治療的コミュニケーションをひらく

［著］＝ポール・L・ワクテル　［監訳］＝杉原保史

●A5判 ●上製 ●472頁 ●定価**5,800**円+税
● ISBN978-4-7724-1351-0 C3011

心理療法家によってプログラムされた言葉が，
中断・停滞・悪循環に陥った心理面接を好転させる。
名著の第2版，待望の刊行！

こころと精神のはざまで

［著］＝山中康裕

●四六判 ●上製 ●230頁 ●定価**2,600**円+税
● ISBN978-4-7724-0860-8

心理臨床と精神科臨床を両軸に活動し続ける著者の軌跡は，
セラピストだけでなく，精神科臨床に関わる
すべての実践家の必読の書である。